NINGXIA DIFANG LISHI

WENHUA LUNCONG

宁夏地方历史文化论丛

（第二辑）

贠有强／主编

甘肃人民出版社

图书在版编目(CIP)数据

宁夏地方历史文化论丛. 第二辑 / 贠有强主编. --
兰州 : 甘肃人民出版社,2017.4
ISBN 978-7-226-05128-3

Ⅰ.①宁… Ⅱ.①贠… Ⅲ.①宁夏—地方史—文集②
地方文化—文化史—宁夏—文集 Ⅳ.①K294.3-53

中国版本图书馆CIP数据核字(2017)第072113号

出 版 人:王永生
责任编辑:肖林霞
封面设计:马吉庆

宁夏地方历史文化论丛

第二辑

贠有强 主编

甘肃人民出版社出版发行

(730030 兰州市读者大道568号)

兰州大众彩印包装有限公司印刷

开本710毫米×1020毫米 1/16 印张11 插页2 字数182千

2017年4月第1版 2017年4月第1次印刷

印数:1~1 300

ISBN 978-7-226-05128-3 定价:48.00元

目 录

Contents

宁夏与阿拉善划界琐谈

吴忠礼

　　宁夏地区从南到北,在历史上最早为北方各游牧部落的天然牧场和诸"行国"的势力范围。先秦时代,西戎义渠诸部活跃在三陇大地和泾、洛以北一带,在今宁夏南有乌氏戎、北有朐衍戎等互不统属的城邦制小国。大约在战国间,秦国崛起,称霸西土,控制了今宁夏地区,并于秦惠文王间(前 337 年~前 311 年)先后在南部设置乌氏县(今固原市境南),北部设置朐衍县(今盐池县境)。至秦昭襄王三十五年(前 272 年),秦国最后消灭了西戎诸国,在戎地设立北地郡(治今甘肃宁县),管辖乌氏、朐衍等县,是为今宁夏地区第一次正式纳入中原王朝的版图。①秦始皇二十六年(前 221 年),秦统一六国,建立中国历史上第一个中央集权制的封建王朝,于三十二年(前 215 年),命大将蒙恬率 30 万大军北伐"河南地",把游牧在塞上黄河内外的匈奴各部落斥逐到大漠以北,并"因河为塞,筑四十四县城临河,徙适戍以充之",②农业开发在"河南地"揭开了序幕。汉时,"徙关东贫民处所夺匈奴河南、新秦中以实之。"③从此,塞上"河南地",成为中原王朝成功的农业开发区,所谓"新秦中"即再造一个"八百里秦川新关中"之比喻。宁夏成为农业文化与草原文化相互交汇、交流与碰撞的标志性地带,黄河与贺兰山就是这两大文化的汇聚地区。历朝中原政权以贺兰山为军事要塞,大修长城、筑城堡、关隘和烽燧,视为京畿门户,国之巨防。唐为关内道,属中央直管区。宋被党项贵族占领,建立大夏国地方割据

---

①《后汉书·西羌传》卷 87,中华书局,1965 年 5 月,第 2874 页。
②③《史记·匈奴列传》卷 110,中华书局,1959 年 9 月,第 2886、2909 页。

政权。元朝设行省。明朝列为北方"九边重镇"之一,是防止蒙古瓦剌、鞑靼各部南下的一道天然防线。明廷宣布:宁夏疆域为"西出贺兰山,接沙漠之地"①。或曰"西至贺兰山外境一百里"②即贺兰山之西至大漠南缘,均是宁夏的军事防区。实际上这种边界现状是随着双方实力消长而变化着的,至明代后期的大部分时间,已基本上是蒙古各部势力活动和控制的地区,更是蒙部南下入犯中原的前进阵地和通道。

明朝末年,贺兰山西麓一带基本上是西蒙古瓦剌部落的游牧范围。清朝,史书称这个部落为卫拉特或厄鲁特蒙古,下分四大分支:准格尔部、杜尔伯特部、土尔扈特部、和硕特部。其中和硕特之一部于清朝初年游牧至贺兰山西麓一带。

由明入清,贺兰山西麓仍归甘肃省宁夏府管辖,其实际控制疆界为"西北至贺兰山外边界七十里,外系郡王罗布藏游牧地"③。宁夏、阿旗的实际边界为"贺兰山边外……以暗门外六十里为界"④,其中蒙古族王府所在地的定远营位置为"住宿崾口外……距口五十二里"⑤。具体由宁朔县和平罗县分段管理,志书载曰:"宁朔县……西至贺兰山外边界七十里"⑥,"平罗县……西至贺兰山外边界六十里"⑦。定远营地方,"初设守备"由宁夏镇派兵驻守,其地亦"在六十里边界内"⑧。

清朝康熙间,厄鲁特蒙部首领和罗理归附,清廷将贺兰山西麓赐予居牧,并设特别旗地方政权,于是出现了宁夏与蒙旗的边界问题。

一、康熙间宁蒙第一次划界

元代,漠西蒙古统称为卫拉特,明初称瓦剌,清初称额(厄)鲁特,包括准噶尔、和硕特、土尔扈特、杜尔伯特四大部落。明末清初,准噶尔部崛起,额鲁特和硕特部首领巴尔斯图鲁拜虎(号顾实汗)收到打压,率部迁青海、西藏一带。清康熙间,准噶尔部首领噶尔丹叛清,额鲁特和硕特部不愿从叛,首领和罗理(顾实汗之孙)率

---

①吴忠礼主编:《宁夏历代方志萃编〈宣德宁夏志·疆域〉》(第一函),天津古籍出版社,1988年6月。

②吴忠礼主编:《宁夏历代方志萃编〈弘治宁夏新志·界至〉〈万历朔方新志·地理〉》(第二、三函),天津古籍出版社,1988年6月。

③④⑤⑥⑦⑧陈明点校:《乾隆宁夏府志·地理(一)》卷2,宁夏人民出版社,1992年11月,第64、68、70页。

部东迁归顺朝廷,清帝赐贺兰山阴一带给该部住牧,并设旗进行管理,于是宁蒙第一次划界。

康熙二十五年(1686 年)九月十二日至二十三日,清廷理藩院侍郎拉笃祜、蒙部首领和罗理(号巴图尔额尔克济农)、达赖喇嘛使者东齐克他赖堪布等,在贺兰山(阿喇克山)实地会晤,由拉笃祜宣布朝廷的划界圣旨。其中涉及贺兰山的内容为:"自宁夏所属玉泉营以西罗萨喀喇山嘴后,至贺兰山阴一带布尔哈苏台之口;又自西宁……俱以离边六十里为界……画地为界而记之。"①列席官员分别是:甘肃提督孙思克、蒙部喇嘛官员波克寨桑和宁夏绿营游击官李本善等。名为划界会商,实际是宣旨,并无商讨的余地。对于这次定界,《乾隆宁夏府志》亦有记载。志曰:"贺兰山边外,系阿拉善厄鲁特札萨克、和硕亲王多罗额驸罗布藏多尔济一旗游牧,住宿崾口外定远营,距口五十二里……地界自宁夏西北贺兰山布尔噶素大口起,至甘肃所属金塔寺之厄济内河止。沿边一带接壤内地与民人,以暗门外六十里为界。"②与康熙定界有边界关系的平罗县,在其《县册》中也有记录,记曰:"平罗四面与额驸阿宝部落连界,中隔贺兰山。今照康熙二十五年题定,以边墙六十里为界,贺兰山阴六十里迤外系额驸阿宝部落游牧之所,六十里迤内系民人采樵之处。"③《道光平罗记略》对于平罗县境内的六十里分界地点,亦有明载,文曰:"贺兰山之尾阴,北自石嘴子,南至归德口接连洪广交界止。内归德口自口门边墙起至山阴撤汰六十里;打硙口自口门边墙起至山阴野马川之北山六十里为界;镇远关自口门边墙起至乌喇豁必兔六十里为界;石嘴子自老君庙起至牛七宫六十里为界。贺兰山内北自平罗营交界红口儿起至独树口为界止,山口俱有暗门,应以暗门外六十里为界。贺兰山北自汝箕沟口至山外长流水,迤南自黄峡口至山外兔鲁盖计六十里,迤东汉地,迤西蒙地。"④宁阿分界线的划定是非常明确的,即"贺兰山六十

①吴忠礼、杨新才主编:《清实录宁夏资料辑录·康熙皇帝实录》卷128,宁夏人民出版社,1986年9月。
②陈明点校:《乾隆宁夏府志·地理(一)》卷2,宁夏人民出版社,1992年11月,第64、68、70页。
③④王亚勇校注:《道光平罗记略·方域》卷1,宁夏人民出版社、宁夏人民教育出版社,2003年12月,第21、22页。

里之内,作为民人采薪之处,六十里之外,作为蒙古游牧之所。"①清代著名历史学家张穆在所著《蒙古游牧记》书中也写道:"自宁夏所属玉泉营山嘴后,至贺兰山阴一带布尔哈苏台口;又自宁夏所属波岭塞口北努浑努山后……俱以距边六十里为界。"②宁阿交界地点不同,所涉地名也不尽相同,但是以长城为坐标,闇门为基准点,向外延伸六十里边界的总原则是不变的。

二、宁阿界争

雍正初,留牧于青海的顾实汗子孙部众,时有不听节制、挑起事端,并出犯祁连山内扰。而住牧在贺兰山阴一带和罗理一支,则始终与朝廷保持良好关系。清廷曾一度命和罗理部改牧于青海,帮助稳定青海局势,曾将厄鲁特部在贺兰山的牧地收回。雍正九年(1731年),朝廷又收回成命,仍由和罗理部住牧贺兰山阴,于是,旗方乘机提出土地要求,西蒙古准噶尔部新首领噶尔丹策零,再次叛乱,清廷为了稳定贺兰山后蒙部的安定,再次主持处理宁蒙边界纠纷。但是朝廷的态度非常明确,断然下旨:"请照原定之例分界……俾民人、蒙古各守疆址",③重审了康熙二十五年划界案。然而问题并未得到解决。雍正十年(1732年),署任陕甘总督刘于义又出面,查处此案,结论仍然是遵行康熙定案,"阿拉善王居住宁夏所属贺兰山以至额济纳依河等处,均以六十里为界。"④由于清廷在宁阿划界问题上坚持原则,态度明确,定界明晰,旗方不敢再争。此后"数十年来,汉蒙安业,彼此无争,无如近年以来,该处地方宽阔,因无巡查之员,蒙古等偷行移住,反谓汉民越界……侵占游牧,强收草头税银。民人以需索无几,隐忍出给,习以为常,贪得无厌,任意索诈,年复一年更欲加倍抽取。"⑤至乾隆间,双方争执又起,陕甘总督明山(乾隆三十三年至三十六年任)、福康安(乾隆四十九年至五十年任),都先后主持查处此桩边界纷争,查办结果为仍按"老案"处理,即维持康熙方案。

其间,在乾隆三十四年(1769年),还发生过因建寺占地的涉界之争。时阿拉善

①④⑤慕少堂(寿祺)著:《甘宁青史略》卷19,兰州俊华印书馆,中华民国二十五年十二月,第20、21页。

②张穆著:《蒙古游牧记》卷11,山西人民出版社,1991年。

③吴忠礼、杨新才主编:《清实录宁夏资料辑录·雍正皇帝实录》卷110,宁夏人民出版社,1986年9月。

旗方在贺兰山西麓建造一座寺庙,距定远营六十里,名曰广宗寺(俗呼南寺),地在汉地界之内,"该处因无树木,汉民未曾过问。"①后又于其北再造一座寺庙(称北寺),距"定远营亦六十里,名曰福荫寺,该处林木茂盛,民人查在汉地界内",②于是上报朝廷,提出交涉。朝廷派出大臣、侍读学士福德,会同陕甘总督明山,与宁夏、阿旗四方进行会办,得出的处理意见是:"由小水口边墙丈量至建寺之处约六十里,仿照康熙二十五年题定六十里为界成案,丈至响扎子大山梁定界,所建之寺准其盖完。"③但是,蒙方在北寺"不得安籍游牧……新造未成寺二里内不准砍伐树木,二里之外周围所有之地,准民人取柴砍木,亦不准民人作为本业。"④实际上这次会勘办案的结果也只是重审康熙"老案"的原则,并对阿旗方私自在宁夏方界内建造的南、北二寺庙,只作照顾性的变通处理,即承认了既成事实。

乾隆五十五年(1790年),纠纷再起,清廷命陕甘总督勒保,会同理藩院部郎和旗王旺沁班巴尔等,进行现场会勘,"秉公查明,务于蒙古、民人均有裨益,设立鄂博,以期永无争竞。如果旺沁班巴尔不知厌足,任意妄为,亦据实参奏。"⑤这次勘界内容涉及面大,其中关于贺兰山的分界并无新规,仍坚持贺兰山闇门外六十里为界。"阿拉善王俯首无词,汉蒙民人俱各悦服,数十年来蒙古混执不清之界,一旦判然。"⑥宁阿在贺兰山的边界安定保持了数十年之久。

三、宁阿再次划界

同治、光绪年间,西北爆发回族穆斯林人民大规模反清运动,斗争波及西北全境,时间持续十多年,给各地城乡带来巨大破坏,衙门被烧,文档损毁,康熙以来的图志散佚,此时宁阿边界又起争议。先后由宁夏道员魏喻义(同治十二年任)、龙锡庆(光绪四年任),查办无果。光绪六年(1880年),陕甘总督左宗棠再奉旨查办这一

①②③④马福祥、马鸿宾、陈必淮主修,吴复安、王之臣主笔:(民国)《朔方道志·舆地志·边界》卷2、卷27《艺文·贺兰山界碑记》,天津华泰印书馆,中华民国十六年(1927年),第26、27、3、5、8、24页。

⑤吴忠礼、杨新才主编:《清实录宁夏资料辑录·乾隆皇帝实录》卷1364,宁夏人民出版社,1986年9月。

⑥慕少堂(寿祺)著:《甘宁青史略》卷19,兰州俊华印书馆,中华民国二十五年十二月,第20、21页。

老案,他命宁夏道耆彬、宁夏知府海容、宁夏镇总兵官冯南斌,会同阿旗王多罗特色楞和理藩院宁夏部郎福勒洪阿海等官员进行查办。时旗方携带乾隆三十四年的查办方案,平罗县地方官亦携带前县令张梯抄存的"老案"手抄本,并到实地勘察,图、文、地三相对照,一致公认宁阿边界为"自小水口边,勘至响扎子大山梁,约六十里。"①"俱相同,惟蒙文内多中嶺有一鄂博一语……阿拉善仍坚以中嶺即小水嶺,反复置辨",②此案又无结果。光绪九年(1883年),陕甘总督谭钟麟下决心批准三方实勘会商成案——"不准争执,其案始寝"。③仍然坚持老案,即认定乾隆三十四年的处理为"铁案","自口六十里外为界,公立议单,各无反悔。"④宁夏道员耆彬,担心日久生变,再起诉讼,遂于光绪九年(1883年)十二月,"将起事颠末详叙暨碑贺兰山蒙汉交界处所,呈省、咨旗,彼此立案,以垂久远。"⑤耆彬又将碑文刊刻三份,一存宁夏道衙门,平罗县、宁朔县衙门各存一份,还在宁阿分界线地址"响扎子山梁陡壁之处大刻'蒙汉交界'四字,使蒙汉入山民人目睹皆晓。"⑥

这次划界,实际上只是重审了康熙二十五年(1686年)和以后几次处理界争的基本原则。直至新中国成立以后,在《阿拉善盟志》(1998年出版)、《阿拉善左旗志》(2000年出版)的《大事记》、《建置》等有关内容中都如实记载了前清康熙间处理宁阿界争的历史事实,两志还在《附录》中收进了清光绪间宁夏道员耆彬撰文的《贺兰山界碑记》,保存了清代宁阿边界矛盾和处理结果的一段信史。

四、宁阿界争又起

中华民国肇造,民初北洋军阀控制国政,天下纷乱,新旧军阀混战不已,阿旗在改朝换代之际,又一次提出土地要求。旗府向中央政府蒙藏院多次提出控告:其一,"以汉民越占,攘蒙利权";⑦其二,"以入山汉民窝藏匪类,谋为不轨"⑧等为由。但是,时任宁夏道(改名朔方道)道尹陈必淮"不忍抛弃领土,绝民生路,坚执前

---

①②③⑤⑥⑦马福祥、马鸿宾、陈必淮主修,吴复安、王之臣主笔:(民国)《朔方道志·舆地志·边界》卷2、卷27《艺文·贺兰山界碑记》,天津华泰印书馆,中华民国十六年(1927年),第26、27、3、5、8、24页。

④⑤马福祥、马鸿宾、陈必淮主修,吴复安、王之臣主笔:(民国)《朔方道志·艺文志》卷27,天津华泰印书馆,中华民国十六年(1927年),第1、2页。

案",①使旗方未得寸利。民国九年（1920年），旗方改变策略，又以"筹办警政，保护蒙境及入山伐木汉民为词"②要求征收入山捐费。时宁夏护军使马福祥从大局出发，同意旗方的要求，但为了杜绝旗方随意勘索，又与旗方商定"简章六条"，只由"砍山人完纳"、"运木人代纳"、"买木人扣缴"的征捐办法，凭各山口关卡所开票据，在蒙地均可通行，并只征缴一次，"不准重征"。"所运木料不分桁条、椽子和重量，以一驴为一驮，每驮征钱二十文即可放行。"③随着共和制度日益深入人心和蒙地"改土归流"的实行，以及宁夏行省的建立，阿旗全境纳入到新宁夏省的疆域，划界问题也有所淡化。

历史上宁阿边界虽然屡有纠纷，但在官方调解之后，基本一直坚持以贺兰山长城闇门外六十里为界线的基本原则。所以民国十六年（1927年）编纂出版的《朔方道志》较为客观地记录了民国间宁夏、阿拉善旗边界的真实状况。志书在《疆域》中记载：宁夏道城（今银川市），"西北至贺兰山阿拉善旗界一百三十里。"④宁朔县（今青铜峡市），"西至贺兰山阿拉善旗界一百三十里（以入山六十里为界）。"⑤平罗县（今平罗县），"西至贺兰山外边界一百一十里（以入山六十里为界）；北至石嘴口镇远关外界一百一十五里；西北至贺兰山打磴口界一百一十里（以入山六十里为界）。"⑥并在道、县《疆域图》中，均将贺兰山划入宁夏范围之内，蒙旗疆界均在贺兰山之外。

《朔方道志》还在《边界》中记载："贺兰山边外系阿拉善厄鲁特札萨克和硕亲王多罗额驸罗布藏多尔济一旗游牧。住宿嵬口外定远营，距口五十二里……地界自宁夏西北贺兰山之布尔噶素大口起，至肃州所属金塔寺之厄济内河止。沿边一带接壤内地与民人，以暗门外六十里为界。其西北界连土尔古特，北界乌拉特三公，东北以黄河为界，河东北岸即鄂尔多斯地"。⑦

五、新中国宁阿划定界线

1949年，中华人民共和国成立后，阿拉善旗曾一度划归宁夏省和宁夏回族自

---

①②③④⑤⑥⑦马福祥、马鸿宾、陈必淮主修，吴复安、王之臣主笔：(民国)《朔方道志·舆地志·边界》卷2、卷27《艺文·贺兰山界碑记》，天津华泰印书馆，中华民国十六年（1927年），第26、27、3、5、8、24页。

治区管辖,所以在新中国时期,宁、阿一家,民族和睦,亲如兄弟,自然边界也就一直保持安定的局面。为了维护宁阿边界的友好传统,及时解决产生的新问题,在1958年宁夏回族自治区成立后,曾于1959年5月5日至5月9日,在北京对于宁夏回族自治区和内蒙古自治区的"边界问题"进行过一次高层次会商解决。参加会商的成员有:宁夏回族自治区党委书记汪锋、自治区人民委员会主席刘格平和自治区党委书记处书记、副主席甘春雷、马玉槐、罗成德等;内蒙古自治区党委书记、人民委员会主席乌兰夫和自治区党委书记处书记、副主席苏谦益、奎璧、王再天、吉雅泰、杨力生等。双方认为,应根据有利于团结、有利于生产,并互相照顾的原则,"很有必要重划一条界线。"①当年5月12日,国务院副总理习仲勋与乌兰夫、汪锋联名签署了《关于处理内蒙、宁夏两自治区划界纠纷问题的报告》,上报中央。5月16日,中共中央批转《报告》。《报告》涉及宁夏与阿旗及贺兰山一线的界线问题内容如下:"内蒙古的阿拉善旗和宁夏的石嘴山(注:惠农县已与石嘴山合并)、平罗、贺兰、宁朔、中宁、中卫等县:东从头道坎起向西南经沙布尔台、岱开(石炭井)地区和葫芦斯台地区的中间到古勒本敖包为界(葫芦斯台地区属阿拉善旗,岱开地区属平罗);从古勒本敖包起到头关,以贺兰山中岭为界;从头关起向南到达岱口,以长城为界;从达岱口起向西南经羊头山、达岱、孤子圪垯、骆驼山、照壁山、单梁子、葡萄墩到吊坡(以上地区属中宁、中卫县管辖,以上地区西北属阿拉善旗管辖)为界……。"②《报告》还明确规定:"划界的具体工作,将由中央民委和内蒙古、宁夏党委指派专人组成委员会共同进行。"③

1988年8月,经国务院批准,国家民政部在全国开展勘界工作。次年,首先进行省际勘界试点,"蒙宁边界线被正式列为省际勘界试点线。"④双方自治区人民政府共同协商同意,这次勘界仍"以'五九协议'为依据","到1994年结束……最早完成全线勘定工作,虽历时间长,但没有留下尾巴……对我们两自治区在今后与其它接壤省区的勘界工作中将起到一定的借鉴作用。"⑤1994年6月,民政部在兰

<hr>

①②③中发[59]448号文件。文题为《中央批转乌兰夫、习仲勋、汪峰三同志关于处理内蒙、宁夏两自治区划界纠纷问题的报告》。转录于《当代宁夏史通鉴》,当代中国出版社,2004年9月,第430、431页。

④⑤宁夏国史编审委员会编:《当代宁夏史通鉴》,当代中国出版社,2004年9月,第480~484页。

州召开"全国勘界试点收尾工作会议"。会后,宁夏、内蒙古两自治区的勘界领导小组,分别向自治区政府汇报勘界试点工作。9月14日至23日,两自治区勘界领导小组办公室集中到呼和浩特市,在民政部的指导下,按照《省、自治区、直辖市行政区域界线勘定办法(试行)》的有关条款规定,共同起草了《内蒙古自治区人民政府和宁夏回族自治区人民政府行政区域界线联合勘定的协议书》,并标绘了《蒙宁边界线地形图》和《关于报批内蒙古自治区人民政府和宁夏回族自治区人民政府行政区域界线联合勘定的协议书请示》、《内蒙古自治区、宁夏回族自治区行政区域界线勘定工作总结》、《内蒙古自治区、宁夏回族自治区行政区域界线勘定的技术总结》等文件。①1995年国家民政部以内政发[1995]25号文给国务院上报了两自治区的《协议书》。②1995年9月22日,《国务院关于同意内蒙古自治区人民政府和宁夏回族自治区人民政府区域界线联合勘定协议书的批复》以国函[1995]88号文下发。《批文》指示:"望你们认真遵守所签协议,做好边界线的维护和管理工作,进一步搞好边界地区的安定团结和经济建设。"③

附1:《清实录康熙皇帝实录》卷128

康熙二十五年十一月(1686年12月),理藩院侍郎拉笃祜等疏言:臣等出宁夏阿喇克山,阅视地形,得遇巴图尔额尔克济农,约其在东大山北候听宣旨。于九月十二日在嘉峪关外得遇达赖喇嘛使者东齐克他赖堪布。……本月二十三日,臣等至东大山北,令巴图额尔克济农跪,宣旨毕,臣等又谓巴图尔额尔克济农曰:尔所请喀尔占布尔古忒、空郭尔俄垄、巴颜努鲁、雅布赖、噶尔拜瀚海等地方,给汝游牧外,自宁夏所属玉泉营以西罗萨喀喇山嘴后至贺兰山阴一带布尔哈苏台之口,又自西宁所属倭波岭塞口以北,奴浑努鲁山后,甘州所属镇番塞口以北,沿陶阑泰、萨拉春济、雷泽西里等地,西向至额济纳河,俱以离边六十里为界。随与巴图尔额尔克济农属下,达尔汉噶卜楚喇嘛波克赛桑及提督孙思克标下游击李本善等,画地为界而记之。

(引自吴忠礼、杨新才主编:《清实录宁夏资料辑录》上册)

---

①②③宁夏国史编审委员会编:《当代宁夏史通鉴》,当代中国出版社,2004年9月,第480~484页。

附2：(清)陕甘总督谭钟麟：《饬将贺兰山界遵照老案办理扎》

为扎饬事：光绪九年五月十四日，准阿拉善亲王多，咨开查贺兰山蒙汉分界。敝旗昔年，原有于口内六十里为界之名，而并无以响扎子山为界之案。至乾隆三十四年，经钦差陕甘总督部堂明、内阁侍读学士福，查勘奏准，改定议于大岭数重此内之中岭，蒙古称为山梁，汉民呼为小水岭者，立为界限。俾于析薪、游牧两有裨益，而于昔年六十里为界之名，惟留未除。盖阿拉善山势高远，全凭此岭以分山阴、山阳。彼耆道于六年覆勘之时，至中岭之在小水岭者，目睹详明，载在议单。则中岭之为山梁小水岭之即中岭，谅在洞鉴之中。现在鄂博虽遭折毁，而小水岭之旧址昭然可凭，则此别无所谓中岭也，明矣，并承抄寄。乾隆三十四年钦定老案一摺、旧图一张，等因到本督部堂准此除咨复查此案。本衙门原有抄存旧案，但因年久，恐缮写错误，兹阅抄示乾隆三十四年老案，悉属相符。则光绪六年所定议单，极为妥善无可争执。查老案，经理藩院复奏内称，雍正十二年军机处议奏，总督刘余益(通志作於义)等所称，自口六十里之内原系民人伐木之地，应遵照原定游牧地方居住，自口六十里之内任民人来往伐木。康熙二十五年既拟定边界毋庸复改。另议此六十里地界之名不可裁除。又据福德等奏，蒙古当夏令时准居住山梁那边联络山内有水草之地乘凉，除夏令外不可安藉游牧。又新造未成寺二里内，不准砍伐树木，新寺二里之外周围所有之地准民人取柴砍木，亦不准民人作为本业，词意本极明晰，却无小水岭即中岭之语，若以小水岭为中岭，则距新寺尚有三十里之遥，何以谓新寺在六十里外，况距寺二里外周围所有之地准民人伐木，则自小水岭至响紫子中间连山内，皆可砍柴伐木也，此后祇宜钦遵乾隆三十四年奏定老案办理，不必另议章程。盖贺兰等山乃国家之土地，不得私为已有，蒙民、汉民皆朝廷之赤子，自当一视同仁，其准夏令在连山内有水草之地乘凉者，所以体恤蒙民，其准在新寺二里外周围之地伐木者，所以养活汉民，而蒙民不得于山梁外安藉游牧，汉民不得因伐木据为本业，防维本极周密，至于绘图有详有略，原不以印信为凭。鄂博时立时毁，岁久亦未可深恃，惟乾隆三十四年铁案，则南山不移地，查耆道心亦无他，惟於来往咨文措词太戆未免客气，而宁夏部郎仅将咨文往返互递，不出一语以定是非，亦觉置身事外，除扎宁夏部郎将六年议单是否允协，据实禀复，并饬耆道遵照老案办理,不得互相争执外,合行扎饬为此扎仰该道,即便遵照此扎。

(引自《朔方道志·艺文四》卷二十四)

附3:(清)耆彬撰:《贺兰山碑记》

窃维溥天下莫非王土,率土之滨莫非王臣,诗人之用意深远,无分此疆彼界也。明矣,无如蒙汉人性既不同,所事亦异,故不能不示以界限,用弥争端。伏查宁夏三面与蒙为邻,与北一带皆与阿拉善旗毗连。自贺兰山口内暗门起至六十里外,为蒙汉交界处所。考之志书记略均有可稽,本无争执。缘因同治初,郡遭回变,案卷被焚。部中存案因年份久远,或遭回禄或经霉烂,亦均无存故。阿拉善台吉阿布哩,蓄私贪利,逞意争山,致激众民,聚毁鄂博,因而重烦案牍。魏前道喻义率属勘查,未就该旗即捏词报院,意达宸聪。奉旨交陕甘总督左查办,当经行司转移宁夏道会同宁夏部郎、阿拉善王秉公查勘时,因积雪封山,未能即往。不数月实任魏道乞养归署任,龙道交卸去。彬于光绪五年到任,六年即偕福部郎勒洪阿海,守容平罗县明令邦忠委员廷丞荫乔丞宗岳及宁夏镇委各员,并会同阿拉善王多亲历各处,详细履勘。当经多王交出乾隆三十四年福明奏定老案,公同核阅,与前平罗县张故令梯抄存汉字之案均相符。合当同福部郎、多王商定仍遵照老案,以自古六十里外为界,公立议单,各无反悔。回郡后即禀明制台左,咨明藩司杨,当经藩司祥院蒙制宪照咨户部、理藩院查照。嗣于八年准藩司来移奉制宪,谭札饬准,理藩院咨开查此案既据。陕甘总督派委镇道会同宁夏部员、阿拉善王,查明原定界限成案自立议单,刊立碑石,永杜争端。相应咨覆陕甘总督转饬各该员,查明遵照办理可也。等因转奉扎饬移行前来,当经转扎在案,讵意又准全部郎移来。据阿拉善王多呈称,乃谓山图所绘不符,欲反非议,屡经彬逐细驳诘,多王无可置辩,乃摭拾其词,冒昧迳咨制宪旋奉扎查均。经彬剖析老案,评述今昔情形,禀覆在案,历奉批迴,仍照老案办理。并饬将原案刊入石碑以垂久远。彬复思只将原案刊碑,恐蒙汉人民无从知晓,且虑年深日久,设该旗再出如有阿台吉等不识大体者,既启争端,又烦案牍。故禀请原案刊碑外,再行注明。核查老案大、小水口蒙汉交界系在距口六十里之响扎子山梁,所有小水岭系准蒙古夏时寻觅水草,不许逾此之界。将此碑记镌刊三分,镶于道署及朔、平两县。并于响扎子山梁陡壁之处大刻"蒙汉交界"四字,使蒙汉入山民人目睹皆晓,并将此碑记于实缺。朔、平二县到任时妥摺数通,随舆图并赍查考。又该旗所立鄂博一节,请饬全部郎遵照六年议单所定。嗣后若再立鄂博必须先期报明院部查照应否准立,分行地方官出示晓谕,以免蒙汉又启争端。等情具禀,当奉批迴。贺兰山界照乾隆三十四年旧案为断,光绪六年议单所载极为明晰,仰郡移会全部郎仍照六年原议办理,刻碑载明,俾蒙汉所有遵守。余如议行缴等因奉此,除饬具在于响扎子山巅岩石上刻"蒙汉交界"四字外,所有彬勘查贺兰山小水口蒙汉交界全案太繁,未能悉载,谨将颠末勒请碑石,以备后来考镜云尔。光绪九年岁在癸未嘉平月日,宁夏兵备道长白耆彬谨记并书。

（引自《朔方道志·艺文四》卷二十七）

（吴忠礼,宁夏社会科学院原副院长、研究员）

黄土高原西北边缘上的宁夏窑洞及村落文化研究

负有强

　　黄土窑洞是黄土高原上自然村落除建筑房屋外主要的民居形式之一,根据目前研究发现,这种穴居窑洞形式早在 4000 年前就已经开始了,要比房屋建筑早的多。在我国,窑洞村落主要分布在河北河南山西陕西甘肃宁夏六大区域。①宁夏地处黄土高原西北边缘,紧邻陕北、陇东地区,域内中南部分布着大量的黄土窑洞村落。这些黄土窑洞村落已经成为这个时代最后的记忆,目前正在以非常快的速度消亡。黄土窑洞村落是中国农耕文明留下的最大遗产,其中所蕴藏的丰富的历史信息和文化景观也不可避免的随之消亡。或者可以说,这个在人类社会发展进程中曾做出过巨大贡献,发挥过重要作用的窑洞及村落,正在或即将退出人类历史舞台。宁夏地域虽小,黄土窑洞、古村落却有不少,宁夏的自然地理环境与其特殊的地理位置,使得村落文化的传承同样具有地域特色。对此,新农村建设与城镇化的过程,包括生态移民之后村落的处置,实际上并没有引起足够的重视,更缺少有效保护。②如何在快速的社会发展变化中,传承开发好这一特色民居文化和村落文明,是社科研究部门,公共管理部门乃至全社会共同面临的重大课题和任务。

　　宁夏的中南部属我国北方黄土高原地区西北边缘地区,黄土多属离石黄土,

---

　　①董永刚,董永哲.穴居文化的嬗变与演进[J].忻州师范学院学报,2009,(4):78.
　　②薛正昌,郭勤华.城镇化与传统村落文化遗产保护——以宁夏为例[J].北方民族大学学报(哲学社会科学版),2015,(5):12.

厚度为 90 到 100 米之间。①从北而南,盐池、红寺堡、同心、中宁、海原、西吉、原州、彭阳、隆德、泾源等 10 个县区都有窑洞村落分布,吴忠市辖区内的盐池、红寺堡、同心和中卫市辖区内的中宁、海原等地窑洞分布较少,在所在县区内民居形式中占比例较低。固原市辖区内的西吉、原州、彭阳、隆德、泾源等地较为密集,在所在县区内民居形式中所占比例较大。窑洞村落规模小的有三五户,多数为一二十户,大的达到几十户,村落里的窑洞多为靠崖式窑洞,少数是下沉式地坑窑洞,还有部分砖土草垫为材料的人工箍制窑洞。据田野调研和有关资料显示,20 世纪 80 年代之前,这些地区人们基本以窑洞居住为主。窑洞多表现为临坡、靠沟、沿河道修建,修建施工简单,施工量小,窑内及院落设施简陋,更多的是受外部环境的制约,基本上是人们对外部环境的简单适应。80 年代以后,随着经济社会快速发展,人们的物质生活水平不断提高,一些条件好的农户率先开始在窑洞院落里,挨着窑洞修建土木或砖木结构的平房,配合以前的窑洞一并居住使用,并逐渐推广开来。于是开始出现窑洞和房屋共同存在的民居村落。新世纪开始,人们开始就老窑洞老房子附近,或稍远的平坦的地方,修建土木或砖木结构的房屋,窑洞改用于牛羊牲畜圈养、粮食草料储备、农具杂物置放等方面,这时,包括有新式房屋和老窑洞共同存在的新式村落逐步产生成型,并基本形成今天我们所能看到的窑洞村落格局。

新世纪以来,在城市化进程的大潮中,农村人口通过求学就业、进城务工等形式,涌向城镇居住生活;同时一些人口有计划的迁入政府规划建设的新农村集中居住;特别是固原地区的一些交通闭塞的山区贫困人口整体搬迁移民到川区或其他条件较好的城镇居住生活。为此,人们之前赖以居住生存的传统窑洞村落也与其他房屋村落一样,开始被遗弃,并且自然消亡的速度不断加快。据宁夏 2005 年对宁夏中南部山区窑洞村落摸排调查,发现仍供居住使用的属于危窑的总共才有 13375 孔。由此反映出可供居住窑洞数量的锐减,也进一步折射出窑洞村落的消减问题。

一、宁夏中南部山区窑洞类型及村落

(一)靠崖式窑洞及院落。在宁夏中南部山区,黄土厚实,沟壑纵横,靠崖式窑

---

① 竺可桢.中国近五千年气候变迁的初步研究[J].中国科学,1973,(1):168–189.

洞最为普遍,数量最多。《太平经》记载:"古者穴居云何乎?同贼地形尔。多就依山谷,作其岩穴,因地中又少木梁柱于地中。地中少柱,又多倚流水,其病地少微,故其人少病也。"体现了古人对窑洞选址问题的认识和理解。人们多选在东西向的沟畔崖面或者斜坡面,坐北向南,借地势就地向下开凿出一个横断面,基本形成一个三面黄土断面包围正面开口的立体空间,在开口处筑起一米多高土墙,中间留门,这样就形成了一个独立的院落了。院落的大小,准备开挖几孔窑洞,整体规模,视家庭人口及实际需要而定。人们在院内三个立体断面上开凿窑洞,正北面黄土断面一般高为六七米左右高度,个别的还要高几米,主要是自然地形的原因,人们一般以三、五奇数为单位,开凿窑洞,中间的窑洞为主窑洞,供家庭中的老人长辈居住,两侧窑洞形制大小稍比主窑洞小一些,供孩子小辈居住。左右两侧的断面上,由于立体高度随崖面、坡度逐渐走低,成为斜断面,一般各开凿出形制规模更小的窑洞,一般为一、两孔不等,主要用于厨房、储备粮食、置放农用工具、农用机械库房等,有的还用于圈养鸡鸭兔等小家禽动物。大型的牛羊驴马等会在窑洞院子外边,就近安置。上述窑洞院落的选址及形制是较为理想的窑洞院落,是比较普遍存在的窑洞院落。但事实上,在许多地方,由于受地形、土质结构、家庭主人能力、人口结构、经济条件、窑洞匠人技术等各种因素影响,现实中存在大量的看似不规则的窑洞院落,有正面为扇形正断面的,窑洞大小不一的,有没有土围墙的。

(二)下沉式地坑窑及院落。实际中还存在一种下沉式地坑窑洞院落,在宁夏彭阳、隆德等地分布较多。这种窑洞院落由于开凿工作量大,地形不太好选的等因素,数量较少,但比较独特。这种形制的院落,简单地说就是在一个地势整体较高又较为平整的平面上,通过人工向下开挖一个长方体的立体空间,深度一般为五六米不等,人们在这样一个封闭的空间内,在座北向南的断面上开凿院落主体窑洞,东西两侧开凿各种辅助窑洞,北边断面也要开凿一些较小形制的窑洞,主要用于置放各种杂物。但一定要留一个相对居中的位置,开凿院落通向外面的斜坡式出口,有的会以窑洞通道形式体现,有的则直接开凿露天通道。这类窑洞院落总体来看,安全隐蔽性强,形制规整,四面都可以开凿窑洞利用率较高,最大的问题是下水处理问题,因此人们多选择地势较高周边排水比较畅通的地方修建。

(三)人工箍制窑洞及院落。人工箍制窑洞在宁夏的中南部地区都有分布,但不多,这类窑洞主要是黄土地质条件不是太好,但人们又受经济条件影响,缺乏砖块、木材等盖房原材料,这个时候通过专业的匠人用黄土泥浆人工箍制而成。这种箍制窑洞形成较晚,无论是从使用上,还是从坚固程度上,等等,与黄土窑洞不可同日而语,不占窑洞村落的主体。箍制窑洞一般与砖土结构的房屋共同组成一个院落,有院墙包围。这种窑洞与黄土窑洞相比,最大的问题就是需要一定的原材料,黏度和韧性较强的泥土、柴草、砖块等,要请专业的窑洞箍制匠人修建,且箍制窑洞的耐用度不强,漏水、塌陷等是经常存在的问题,总体上箍制窑洞的成本较大,因此箍制窑洞院落民居不具普及性。

上述三种类型的窑洞及院落相对集中到一起就基本构成了窑洞村落。村落的选址服从窑洞院落的选址,总体因人口少,住户稀疏,窑洞村落密集型低。一般同为一家兄弟或同姓的窑洞院落会靠的近一些。不同姓氏的窑洞会分开远一些。总体上,一个村落可能就是一道沟崖,东西向一字排开来。有的又会是一个非常大的坡面,自上而下呈现出阶梯状的窑洞格局,站在视野开阔的位置远观较为壮观。还有的村落,上述两种形式杂乱交错在一起。在这些窑洞村落里,窑洞院落之间,大都有山间小道联通,多的就地势自然行走踩踏而成,有的简单修挖一下而成,供人畜行走。在窑洞崖脑上、院落里、院落之间会种植柳树、杏树、榆树、松树、沙枣树等西北地区常见树种,成为村落里不可缺少的风景。窑洞村落还有一个非常明显的特点,那就是平面性,不会凸显出地表来,只能是凹陷,因此置身很多窑洞村落会觉得没有人,甚至荒芜感。具有"上山不见山,入村不见村"[①]的特点。如果细心观察的话,可以通过崖脑沟畔上矗立的一米多高的水桶粗壮的圆柱形烟囱及烟雾,判断村落的住户的密集度。窑洞村落里一般都会有一条较为宽阔的倚地形而修建的土路,这条土路基本上贯穿全村,能够行走各种农用车辆、机械,农用三轮车、两轮摩托车等,有的还可以通行小轿车。每户窑洞院落都会通过自家小道与这条土路联通,然后才能出行和进入,内部的粮食土特产和外部的各种物资都通过这条道路进行运输。

---

① 方李莉.陕北人的窑洞生活:历史、传承与变迁[J].广西西民族学院学报(哲学社会科学版),2003,25(2):26-30

二、窑洞建制及文化特色

宁夏窑洞及窑洞村落是黄土高原窑洞村落文化的重要组成部分和基本内容之一。经与临近的陕北、陇东地区窑洞村落对比研究发现，除了基本的居住储藏功能一致外，宁夏窑洞村落及窑洞具有自己的特点和地域特色。总体上，宁夏由于地理位置原因，历来为西北边塞地区，处于黄土高原的边缘，经济发展滞后，窑洞建筑及村落文化等元素，有建筑简单化、文化元素单一的特点。

（一）窑洞规模大小形制差距。与陕北、陇东地区的窑洞相比较，宁夏中南部的窑洞，无论从开凿技术、窑室规模、门道高低以及内部结构等方面都有区别，宁夏中南部窑洞整体上，开凿技术显得不够成熟或较为粗糙，通过洞窑断面的凿痕纹理及窑洞内部的规则上来看比较明显。窑洞规模整体显得低矮、窑洞内部较浅较窄，不够宽敞。如果以甘肃庆阳市为中心向西北宁夏方向扩展，有越往北越往西窑洞规模形制越狭小的特点。经过分析比较，其中原因除了一些地方由于处于黄土高原边缘地带地质构造逐步不适宜开凿窑洞的因素外，主要因素还是宁夏中南部地处西北边缘，历史上频繁受战乱影响，物产贫乏，经济落后，人们没有足够的经济实力去开凿较为宽敞的窑洞。还有就是优秀的开凿窑洞匠人较少到宁夏中南部地区务工开凿窑洞，先进的窑洞开凿技术到不了边缘地区，也是一个主要因素。在陕北陇东地区开凿窑洞是一门非常吃香的行当和职业，由于开凿窑洞的需要当地锻炼成长了许多优秀的开凿窑洞人员，这些人如同修建房子的匠人一样，很受当时人们的欢迎。

（二）窑洞的断面开口加固程度。窑洞修好后，人们会在窑洞开口处进行加固处理，然后安装木质门窗。宁夏中南部早期的窑洞很难看到用砖块加固窑洞开口，一般都是用土制块垒加固，然后右侧留门，左侧留窗，个别的也有中间留门左右两侧留窗。有条件较好的家户则用砖块对窑洞开口进行加固，并安装门窗，显得比土制块垒加固的要结实美观一些。整个开凿窑洞的断面一般保持土质原样，很少加固处理。而在陕北和陇东则非常讲究窑洞开口的加固处理，包括开挖窑洞的横断面的加固。在陕北人们习惯把窑洞开挖的横断面全部用砖块加固，最上面则处理成一行帽檐，有的还镂空处理成菱形、圆形等各种图案，整体看去一面带有帽檐的砖砌的长方形横断面,非常美观气派。窑洞开口则用砖块随窑洞开口半圆形形制,也加固处理成半圆形,最后安装门窗,效果很好。陇东地区的窑洞断面也用砖块加固处理,但较少修建帽檐。然后用砖块进行窑洞开口加固处理,安装门窗。此外,陇东的窑洞开口形状处理较陕北、宁夏丰富,除了通行的半圆形窑洞开口门窗形制外,还有一种上窄下宽的长方形形制,如同房屋方形门窗开口的情况。

(三)窑洞文化体现的不同。陕北和陇东地区窑洞门窗非常讲究,传统文化元素的传承很明显。窑洞门头上,特别是主窑洞门头上,一般会有一块木制或砖门匾,上面会有一些雕刻或撰写文字,如"耕读人家"、"幸福和谐"等。门框上有时会有对联,一般都是祝福美好方面的内容,大都是直接撰写到上面的,一年四季都在,不同于过年贴的对联。年代久远后的今天,仍然能够看到字迹。这方面,陇东地区表现的明显一些。在陕北的窑洞窗格上习惯贴窗花,各种各样的窗花每年都贴,每年都有新的内容,民间很多妇女都会剪窗花。在宁夏中南部也有一些门匾、窗花方面体现,但比较少不像陕北陇东那样普遍。窑洞内部装饰布置上,由于宁夏中南部聚集生活着大量的回族群众,受其伊斯兰宗教文化影响,窑洞内部墙面上,一般不贴各种人物画、年画之类,最多在窑洞的后部墙面上挂一副阿拉伯语对联。而陕北、陇东的窑洞内部喜欢用各种人物画、年画、书法作品装饰内部墙面。

(四)窑洞功能设置的区别。宁夏的窑洞功能相对单一,主要用于人们居住使用。不同于陕北陇东一些偏远地区的窑洞,由于地理位置偏僻,历史上兵荒马乱,为了防盗防贼,在窑洞功能设置上考虑的比较多,如窑洞门头上除了基本的门窗外,上面要有采光窗,再上一层要有防贼观测窗,这样在盗贼上门抢劫时,可以居高临下通过观测窗查看来贼人数,同时也可以通过观测窗用自制的土枪打击盗贼等。在窑洞内部,宁夏的窑洞一般也会在窑洞的后部、侧面适当的位置,再开凿出若干小的窑洞,存放粮食或其他生活用品。陇东和陕北窑洞由于形制较大,内部开凿这样小的窑洞比较普遍。特别是在陇东一些窑洞中,除了上述情况外,还开挖一个通往外面的暗道,主要用于盗贼抢劫时逃离,这是个非常聪明的做法,宁夏的窑洞较少这方面的设计。

三、宁夏窑洞村落文化发展的思考

宁夏中南部窑洞及村落是黄土高原传统村落文化的重要组成部分之一,其窑洞及村落的形制有黄土高原中心区窑洞及村落的基本文化元素,有自身的特点和区域特色。在窑洞及窑洞村落的发展保护中,要有这个基本的认识和思考。要理性认识,不可盲目。此外,要有总体保护传承的思想,科学研究,合理规划,对整个宁夏窑洞及村落进行总体规划布局。把窑洞及村落文化的传承开发置于宁夏古村落文化保护传承的大格局中思考定位。

(一)"留住乡音,记住乡愁",要通过各种载体较好的记载留存窑洞村落文化,传承民居文化。我们要充分借助文字、图片、影像资料等形式,很好地记载和传承村落文化。比如,可以充分利用志书的形式进行记载。志书载体是我国独有的文化形式,在渊源的历史长河中,为传承中华文明和记载悠久的历史发挥了重要的作用。可以针对性的,带有抢救性的,对那些已经消失或即将消失的窑洞村落开展有计划的修志工作,通过一部部窑洞村落志,把窑洞村落的历史、现状以及窑洞的特点和文化元素都记载下来,供后来人了解窑洞民居的情况,为后来人研究窑洞民居的文化传承,提供翔实准确的历史资料。同时,还可以通过拍摄专题纪录片的形式,运用图像和声音的形式,生动再现窑洞村落现实情况。若干年后,人们可以通过文字和图像等准确再现窑洞村落,更准确的理解和认识窑洞文化的本质。

(二)"加强研究,挖掘历史",要加强对宁夏地区窑洞村落的研究力度,挖掘宁夏地区窑洞村落的源流、发展及特色,弘扬宁夏民居文化。宁夏窑洞及窑洞村落文化是个大课题,一两次田野调研,短时间查阅资料,远不能全面深入掌握窑洞的情况。据了解,目前从事窑洞及窑洞村落研究人员较少,研究力量比较薄弱,全社会关注度较低,对保护传承窑洞的认知度低,这对保护和传承窑洞文化非常不利。这就需要文化管理部门、社科研究部门、城镇建设部门引起高度重视,加大对窑洞及窑洞村落的研究力度,挖掘历史传承,弘扬优秀文化元素。通过研究,弄清楚窑洞及窑洞村落的历史渊源、发展脉络、开凿技术、文化传承、作用价值等等,要为传承和保护窑洞文化提供理论咨询和智力支持。

(三)"保护开发,发展旅游",要针对性保护开发具有一定规模和特色的窑洞村落。首先,要弄清楚宁夏窑洞及窑洞村落的特点特色,宁夏窑洞需要保护的重点是什么,宁夏的外部环境和经济条件适合进行什么程度的保护,都需要认真思考和研究。其次,保护和传承工作如何与发展旅游经济结合起来,特别是宁夏南部的窑洞如何充分利用六盘山旅游资源的带动发展。第三,要充分考虑到宁夏南部山区生态移民的特点,那就是整村移民,留下的比较完整的窑洞和窑洞村落比较多,地域特色明显。是整体保护还是有选择的保护,要有前瞻性和战略眼光。最后,在经济社会全面发展的今天,尤其要重视民间智慧和资本的利用,通过合作或者契约形式来保护和传承窑洞文化,现实中的成功案例比较多,他山之石可以攻玉。对窑洞村落文化的保护传承,目前,比较被认可的做法是修建遗址博物馆,如陕北延川县土岗乡碾畔村民俗博物馆,是我国首家窑洞博物馆,充分利用12间遗弃的窑洞,陈列了6000多件不同年代民间生产的农具,生活用具,见证了黄河流域居民从伏羲氏,到当代农业社会生产、生活的发展历史。①对窑洞及窑洞村落的保护传承,一定要结合实际,要创新,不可盲目跟风不切实际。要结合旅游休闲经济开展保护和传承,可以立足西北红色文化的优势,发展窑洞爱国主义教育基地,利用窑洞民居的优势发展窑洞休闲度假经济,等等。这样既实现了保护传承的目的,又向人们普及宣传了窑洞文化,还发展了旅游经济增加了收入,实现了多赢的目的。

（负有强,宁夏社会科学院地方志办公室主任）

---

①白凯、吴成基、苏慧敏、马彦飞、姚宏.陕北黄土高原窑洞文化与旅游开发探讨[J].地域研究与开发,2006,25(6):78。

哱拜之乱与刘东旸兵变

薛正昌

    明代中后期,宁夏社会问题逐渐凸显,再加上地处特殊环境,出现的问题敏感而且负面影响很大。庆靖王朱㮵五代孙安化王朱寘鐇之乱,震惊朝野,在平息乱局的同时清理了把持朝政的宦官刘瑾。哱拜之乱,给宁夏老百姓带来很大灾难,毁坏宁夏府城,文化遗存受到极大破坏。后期的宁夏兵变、固原兵变影响更大,尤其是对于明末农民起义的影响。

    正德五年(1510年)宁夏安化王朱寘鐇之乱。明万历二十年(1592年),宁夏镇又发生了一次规模很大的兵变,宁夏镇致仕副总兵哱拜与镇兵刘东旸等杀宁夏巡抚党馨、兵备副使石继芳,占据宁夏镇城(今银川)后,再联合蒙古袄儿都司诸部为援,准备割据宁夏,试图效仿西夏李元昊,史称"哱拜之乱"。这次兵变震动了整个西北,波击蒙古的不少地区,明朝政府北部防御任务原本十分繁重,"哱拜之乱"又雪上加霜,使明朝西北边陲尤其是宁夏一度处于混乱状态。明朝政府先后征调七镇兵力前来围剿,前后历时九月余,期间两次更换陕西三边总督,才平息了这次兵变。

一、哱拜之乱

(一)哱拜其人

    哱拜是住牧于贺兰山后的蒙古人,谈迁《国榷》称哱拜为"黄毛虏",当是黄头回鹘[①]投奔蒙古黄台吉部下后仍不得其志,而他本人又非平庸之辈,性狡猾,有勇

---

①蔡美彪等著:《中国通史》第八册,第330页。

谋。当黄台吉将他的全家杀害之后，哮拜就想到了投奔贺兰山内的明朝。当时，正值明臣王崇古任宁夏巡抚，实行怀柔政策，塞外不少蒙古人都投归明朝(《明史》卷二二二《王崇古传》)。哮拜就是在这个背景下投降明朝的，王崇古接受了哮拜并由其带来的三百人①时当嘉靖四十三年至庆隆元年(1564—1567)之间。

哮拜归附明朝，久经战阵 20 余年，历任游击、参将、副总兵，在宁夏镇颇著威望，"宁镇三百里外无虏马迹……金帛累钜万"②。因哮拜而蒙古诸部也不敢轻易靠近宁夏镇边境，在明朝全力防御北方蒙古兵锋南下的大背景下，宁夏以北数百里境内一度成为相对安全地带，足见哮拜的谋略与强悍。1589 年，以副总兵致仕，子哮承恩袭职，为宁夏卫指挥。

哮拜降明的嘉靖末期，正是明朝与蒙古之间兵锋不断、战火不已的时期。他降明之后，便以其英勇善战，熟悉蒙古地理等有利条件而受到宁夏镇的重视。巡抚王崇古准其在原统降兵丁的基础上，"更选土著健儿，丰其禀，号为家丁"，组成精锐部队，"建牙则列侍卫，出征则为先锋"③。实际上成了宁夏镇出击蒙古入侵的先锋，经常出现在与蒙古作战的前线。

隆庆二年(1568)十月，哮拜出边邀击河套蒙古军，斩其酋长九人，"总督王崇古以捷闻"④。宁夏巡抚王崇古升任陕西三边总督之后，知人善任，举荐并提升哮拜为游击将军。哮拜部以蒙古军士为主，在宁夏边军中有举足轻重的地位，他为宁夏镇的地方安宁也是尽心竭力的。万历十年(1582 年)，宁夏灵州土军杨文遇发动兵变，杀参将许汝维，就是哮拜带兵平息的。

(二)哮拜兵变

万历十九年(1591 年)，党馨任宁夏巡抚，便开始怀疑哮拜"势重难制，每事裁抑之"。当哮拜以年迈之躯、致仕之身率宁夏镇兵随兵部尚书郑洛往青海参战取胜

①诸葛元声：《两朝平攘录》《明代蒙古汉籍史料汇编》第二辑，第 185 页，内蒙古大学出版社，2006 年。
②薄音湖、王雄点校，诸葛元声：《两朝平攘录》，《明代蒙古汉籍史料汇编》第二辑，内蒙古大学出版社，2007 年，第 186 页。
③诸葛元声：《两朝平攘录》卷三《宁夏》，王雄《关于"哮拜之乱"》，《内蒙古大学学报》1988 年 2 期。
④《明穆宗实录》卷 25，隆庆二年十月戊戌，692 页。

返回后,党馨竭力追究其"虚冒钱粮"之罪,并停发士兵的冬衣布花,减克月粮,激起了哱拜部下的反对。兵备副使石继芳与党馨的同乡为姻亲,凡事也阿谀套近,执拿哱拜近幸数人相激。万历年二十年(1592)二月十九日发生兵变。在哱拜的谋划下,以正兵营家丁刘东旸为首的哗变士兵进入帅府,杀宁夏巡抚党馨、兵备副使石继芳、游击梁琦等,纵火焚烧公署,开狱释放囚犯,掠取公私财物,逼总兵张维忠自缢。"烧官民庐舍,火光彻天"①。刘东旸自署总兵,拥哱拜为谋主,占据宁夏城,兵马分别取得宁夏黄河东西城堡。

(三)伪总戎刘东旸

刘东旸为靖虏卫(今甘肃靖远)人,正兵营家丁,也是一个枭桀之雄,早有逆志。早就在策划着哗变的事,而且有一个秘密组织,刘东旸就是这个秘密组织的重要人物。这个组织是这次宁夏兵变的核心。兵变后,就提出要明朝政府承认和实授刘东旸的宁夏总兵职,包括副总兵、参将,让他们世居宁夏,如同西夏时期的李元昊一样。当时总督尚书魏学曾新代郑洛驻固原陕西三边总督府,二十一日闻变,火速遣千户郜宠赍"白牌谕帖"传谕在城军民。宁夏镇城已成混乱状态,刘东旸"绯袍玉带,建大将旗鼓,舆马羽戟,导引前后,僭称总兵到任"②。同时,还在武安王庙行香,设坛祭告天地。

哱拜起兵后,明朝政府还没有做出反应时,已经控制了宁夏平原的所有地方,包括河东花马池一带。魏总督"受命两月,师无成功,日夜忧惧"。甘肃巡抚叶梦熊调贵族苗兵一千余人前来助阵;宁夏新任巡抚朱正色亦到任,在各路大军的会剿下,叛军节节败退,困于孤城之中。此时,哱拜和刘东旸合谋:"大军压境,非虏援不可"。他们决定要向贺兰山外围的蒙古部求援。

---

①诸葛元声:《两朝平攘录》《明代蒙古汉籍史料汇编》第二辑,第188页,内蒙古大学出版社,2006年。

②诸葛元声:《两朝平攘录》《明代蒙古汉籍史料汇编》第二辑,第188页,内蒙古大学出版社,2006年。

二、争夺宁夏镇城

（一）借兵蒙古

哱拜之乱，若乱在宁夏镇本区，就经不住明朝各路大军的围剿。如果与蒙古诸部联络在一起，宁夏镇的兵力就不好解决。哱拜决定向蒙古诸部求援，并迎接蒙古军进入宁夏。蒙古方面马上就有反应，当时活动在延绥、宁夏、甘肃边外的蒙古首领大部分都出动了，甚至还致书土默特部的顺义王，要求援助。哱拜三月十日发使，十七日袄儿都司部首领著力兔已派其弟率三千骑抵金贵堡（今贺兰县境）。宁夏镇所在的黄河平原，世称富饶，是蒙古诸部久已垂涎之地。着力兔蒙古部进入宁夏镇，明朝廷才陆续征调 7 镇兵力前来宁夏镇进剿。

蒙古诸部介入到哱拜之乱中，对明朝军队平息这次兵变带来不少困难。蒙古骑兵出其不意，到处出击，打乱了明朝进剿哱拜的部署，牵制了明朝的兵力。"时官军三万人，因虏在，未敢轻进"①。蒙古诸部陆续进入宁夏镇援助哱拜，从镇城到宁夏平原各处都发生抢掠；鸣沙州城、宁安堡等地守城将官不敢出战，守城自保。重要的是哱拜会同蒙古骑兵在汉延渠设伏，夺取了明军粮饷 200 余车，搬入镇城。一时间，宁夏镇成了蒙古人的天下，"套虏万骑自大河至贺兰山，北抵平虏，毳幕相望，夏境尽为虏牧地"②。

宁夏兵变之后，陕西三边总督魏学曾急调西北各镇兵马的同时，兵部亦征调他镇大军，围攻进剿哱拜。就连致仕、罢免的官吏也一并起用。哱拜部下连续攻掠中卫、广武，明朝守臣或走或降，黄河以西数十堡相继陷落。叛军渡河，指向灵州。三月，总督魏学曾命副总兵李昫摄总兵官进军平乱，收复河西诸堡。哱拜父子又向河套地区蒙古鞑靼卜失兔部求援，遂有三千骑来宁夏镇与哱拜兵会合。在围攻宁夏镇城的过程中，叛军坚守而不能下。朝廷调宣大李成梁之子李如松为提督陕西军务总兵官，浙江道御史梅国桢监军，增援宁夏；调任朱正色为宁夏巡抚，甘肃都御史叶梦熊亦率军协力平乱。同时，赐总督魏学曾上方剑以督师。六月，叶梦熊自甘州带神炮火器四百车至灵州，各路调兵遣将来授宁夏，虽军威大震，但仍不能攻下镇城。缘此，魏学曾被劾免职，由叶梦熊代为总督。最后解决的办法——决黄河

①②诸葛元声：《两朝平攘录》卷三《宁夏》，王雄《关于"哱拜之乱"》，《内蒙古大学学报》1988年 2 期。

水灌宁夏城。明廷此次平乱,调集南北军队,历时半年,付出了沉重的代价①。

（二）镇城较量

哱拜之乱期间,一方面以宁夏镇城作为其指挥中枢,另一方面拿宁夏镇城作为赌注,对宁夏镇城带来极大毁坏。他们"纵火焚烧公署",焚烧"兵备、粮储、理刑诸公署,收印信,释狱囚,卤略城中诸士庶不可胜数。"刘东旸称"总戎"后,穿吉服,坐八抬轿,至武安王庙焚香,祭告皇天后土。哱拜之子承恩、许朝、土文秀、哱云为左右前后副总戎,他们"歃血盟誓"。在宁夏镇城北关高楼上设座,"擅用敕印旗牌,军民以次进谒跪起",想演绎向王室朝拜的场面。

在攻取镇城的过程中,北关城楼、南关城楼都毁于炮火。朝廷军队攻城不克,挖掘地道攻城也未奏效,而且死伤众多。最后水攻,"城外水深八九尺……城东南崩一百余丈","水浸北关,城崩"。②攻城的过程始终处在一种胶着状态。即使到了最后,"贼犹毁官民宅,选楹栋美者构为屋,砖周其外,穴窍置枪炮,防益密"③,防御十分严密。

（三）切断哱拜与蒙古的联系

朝廷认为要迅速平定宁夏,关键在于切断哱拜与蒙古的关系。明朝政府采取的策略:一是重赏吸引蒙古诸部背离哱拜;二是令陕西三边将士严阵以待,密切关注边外蒙古部落的动向。同时,命延绥、甘肃等地守军出击,以牵制增援宁夏的蒙古军。七月,镇城仍未攻克。攻宁夏镇城很惨烈,仅攻城"官军被死伤者八千人"④。"西师无功,损兵耗饷"而皇帝大怒,朝廷以魏学曾招抚失策而被革职,任叶梦熊为兵部右侍郎、陕西三边总督,总理宁夏军务。平息兵变的过程,攻克宁夏镇城最为艰难。叶梦熊接任后,"决意屠城",绕城筑堤,开渠放水,最终以黄河水灌城。

明军在外围阻击蒙古入援宁夏也取得了成功。八月,入援哱拜最为得力的著

①蔡美彪等著:《中国通史》第八册,第332页。

②薄音湖点校,瞿九思:《万历武功录》,《明代蒙古汉籍史料汇编》第四辑,内蒙古大学出版社,2007年,第7—22页。

③薄音湖、王雄点校,诸葛元声:《两朝平攘录》,《明代蒙古汉籍史料汇编》第二辑,内蒙古大学出版社,2007年,第203页。

④诸葛元声:《两朝平攘录》《明代蒙古汉籍史料汇编》第二辑第199页,内蒙古大学出版社,2006年。

力兔引精兵从镇北堡、李岗堡等地入,为明将杜松、麻贵等击败,直追至贺兰山外,蒙古军"越山逃去,自此解体,不敢复入矣"①。二十日,"堰水已及城,贼无奈"②。

哱拜失去蒙古之外援,就成了瓮中之鳖。九月初,哱拜等已退守内城。明朝大军压境,目标收缩在内城的攻击上,以水灌城,日夜攻城不停。期间,叶梦熊还通过分化瓦解使其内讧,刘东旸被诱杀,哱拜自尽,历时九个月之久的哱拜之乱宣告结束。明代万历中叶以后,政治形势日益恶化,军事上内外吃紧。哱拜之乱前后约九个月时间,是当时三大③军事征讨之一,耗银一千余万两④,造成国家财政空前困难。剿灭哱拜之费用耗银近二百万两。

"九月十六平定宁夏",历时九月余时间的哱拜之乱始宣告平息。战乱结束了,宁夏镇城却满目疮痍。"此时衙门尽行烧毁,各官俱借住民房"⑤。兵变使宁夏镇再次经历了一场浩劫,不但宁夏镇城毁坏严重,而且给社会经济带来极大破坏。

三、王府劫难与镇城受损

明代宁夏镇城经历过两次大的人为灾难,一次是正德五年(1510)安化王朱寘鐇以清除大宦官刘瑾为名发动的兵变,由于持续时间短,很快就被平息,对宁夏镇城影响不大。第二次是万历二十年(1592),哱拜、刘东旸之兵变对宁夏镇城的破坏。

（一）王府蒙难

哱拜之乱期间,"庆宪王被拘,贼将入府索宫人",镇城庆王府也遭到叛军的抢劫,宪王被拘,庆王府宫人遭到勒索。王妃方氏欲拔剑自尽,一老宫人引王妃抱"世子"入后园土窖中。"世子"保命,"妃已死矣。"叛军将王府"美妇宝货载送虏营,并

①诸葛元声:《两朝平攘录》卷三《宁夏》,王雄《关于"哱拜之乱"》,《内蒙古大学学报》1988年2期。

②诸葛元声:《两朝平攘录》《明代蒙古汉籍史料汇编》第二辑,第201页,内蒙古大学出版社2006年。

③西征哱拜、南征播州杨应龙、东征援朝抗日。

④张显清、林金村:《明代政治史》上册,第166页,广西师范大学出版社,2003年。

⑤薄音湖、王雄点校,诸葛元声:《两朝平攘录》,《明代蒙古汉籍史料汇编》第二辑,内蒙古大学出版社,2007年,第206页。

将宁夏地方献于吉襄、庄酉"①,不少女人惨死,庆王府邸也成了哱拜任意践踏之地。哱拜同党刘东旸等,控制了庆王府长史杨耀川,"系其家室,令索庆府书及佥事随府、通政穆来辅,并博士弟子员揭,详致制置使,请罢兵。"②

当时管理王府事务的是镇原王朱伸埍。第十一代庆王朱帅锌未袭封前,暴乱中哱拜之子哱承恩等"欲污蔑庆宪王正妃方,事觉,方以王世子阔匿土窖中"③。王妃方氏将世子藏匿地窖中,自己自颈而死。寿阳王朱倪燗,哱拜胁迫要其投降,倪燗不屈。哱拜无奈,就把他囚禁起来。镇原王朱伸埍当时"理府事,谋袭贼弗克,府中人皆被杀"④。哱拜之乱同样给庆王府带来了一场大灾难。同时,也表现了王府人的气节。兵部谓:"王妃全节,增重天潢,及生儒男妇应与褒赠。"上而宗室,下而四民,五十余人捐躯。对劫乱中献身的游击陈栋等人,"宜行宁镇建祠列位,岁时致祭,用慰忠魂⑤。

哱拜控制庆王府宗室相关人,主要是想作为人质,"执宗室及士大夫以为质,此不过故缓我师,以俟秋高马肥于虏便。"⑥"哱拜之乱平息后,御史刘芳誉上言朝廷:"诸宗死节者俱应卹录,方妃宜建祠旌表","诏从之"⑦。之后,朝廷拨给王府白银一万五千两,也算是对王府诸宗人的慰藉。同时,还"赐金茸宫殿"⑧。

(二)文化遭劫

哱拜兵变规模大,持续的时间长,对宁夏镇城的破坏极为严重。兵变后杀军政高级官吏,纵火焚烧公署,"焚兵备、粮储、理刑诸公署,收印符,释狱囚,卤略城中诸士庶不可胜数。"⑨哱拜、刘东旸占据宁夏镇城后,朝廷数次调换大将,调集各地多路兵马攻城,主战场在南、北二关。明军攻城用了多种方式,或以"火箭烧城楼",或

①诸葛元声:《两朝平攘录》《明代蒙古汉籍史料汇编》第二辑,内蒙古大学出版社,2006年,第193页。
②③瞿九思《万历武功录》,《明代蒙古汉籍史料汇编》第四辑,内蒙古大学出版社,2007年,第9页。
④《明史》卷一百十七《诸王二》,中华书局,1987年。
⑤《明穆宗庄皇帝实录》卷254。
⑥瞿九思《万历武功录》,《明代蒙古汉籍史料汇编》第四辑,内蒙古大学出版社,2007年,第11页。
⑦沈德符《万历野获编》卷四,中华书局,2012年,第116页。
⑧《明史》卷一百十七《诸王二》,中华书局,1987年。
⑨《宁夏镇哱拜、哱承恩列传》,瞿九思《万历武功录》,《明代蒙古汉籍史料汇编》第四册,内蒙古大学出版社,2007年,第7页。

挖掘地洞"以火炮火药燃城楼",或以"火炮焚烧悬楼",明军都不能取胜,最后"决水以灌城","城外水深八九丈","九月十六日平定宁夏"①。宁夏镇城终于在黄河大水的洪流中攻克。前后持续了九月有余的攻城战,对宁夏镇城带来的严重毁坏。

哱拜之乱,使宁夏的文化遗产也遭到了严重的损失。哱拜父子在劫取大量财宝、包括掳走不少女人之外,一是将"僧尼乐妇尽配家丁矣"②,宗教与艺人未能幸免。二是"并将宁夏地方文献"劫掠呈送给蒙古部落巨头吉襄与庄酉③。三是引水灌城后,城墙塌陷,"贼伐宣圣殿庆府槐柏以缮补"④,多年的古树木被砍伐破坏。

哱拜、刘东旸叛军占据镇城之所以持续时间长,主要有两点:一是宁夏镇城修筑坚固,防御能力极强;二是宁夏镇城战略储备丰富,而且有当时最为先进的武器设施。

兵变与战乱结束后,朝廷在赏功的同时,不能不考虑宁夏镇城修复的事。庆王府长史孙汝汇笔下记载,"万历二十年兵变灌城,间有浸圮德胜、昭阳、划车诸楼皆毁。逾年,巡抚周镐,副使尹应元再修复,题北楼曰'命我关楼',曰'朝阳'。嗣是,巡抚杨时宁、黄嘉善、崔景荣相继修建城楼,渐复旧制,仍为巨镇伟观云。"⑤经历了较长时间的战乱之后,宁夏镇城虽然损毁严重,但由于宁夏镇在军事防御方面的重要地位,朝廷很快投重币进行全面修缮。实际上,重修之后的宁夏镇城南北二关楼,比战乱前更为壮观。包括镇城外围的建筑,如明军进攻镇城南关时,哱拜的守城者"缒下,夺梯牌,益乘风纵火,焚烧仇公祠、三清观"⑥,但战后都得到了修复。因此,从城市的空间审视,宁夏镇城虽然经历了战火的毁坏,但很快就得到了修复。这样一个格局,基本上传承了城市文化,为清代留下了一个相对完整的宁夏府城。

(薛正昌,宁夏社会科学院研究员、编审)

---

①《宁夏镇哱拜、哱承恩列传》,瞿九思《万历武功录》,《明代蒙古汉籍史料汇编》第四册,内蒙古大学出版社,2007年,第15—22页。

②③薄音湖、王雄点校,诸葛元声:《两朝平攘录》,《明代蒙古汉籍史料汇编》第二辑,内蒙古大学出版社,2007年,第193页。

④薄音湖、王雄点校,诸葛元声:《两朝平攘录》,《明代蒙古汉籍史料汇编》第二辑,内蒙古大学出版社,2007年,第201页。

⑤万历《宁夏志》卷一,1969年,第26页。

⑥《宁夏镇哱拜、哱承恩列传》,瞿九思《万历武功录》,《明代蒙古汉籍史料汇编》第四册,内蒙古大学出版社,2007年,第16页。

康熙征讨噶尔丹宁夏行史实考略

郑彦卿

康熙三十六年(1697),康熙帝来到宁夏,康熙帝是中国历史上到过宁夏的为数不多的皇帝之一。康熙三十六年二月初六,时年44岁的康熙帝率师出北京,第三次征讨噶尔丹。从三月二十七日进入宁夏城起,共在宁夏地区停留了25天,其中驻跸宁夏府城19天,期间接见地方官员,安排部署征讨噶尔丹事宜。康熙挥师西陲,平定叛乱,维护国家统一,这在中外历史上是一件大事,影响是深远的;在宁夏期间,他体恤民苦、吊祭故臣、严饬军纪、整肃官风深得民心。关于康熙至此宁夏之行,在《清史稿》和《清实录》以"圣祖平叛临宁夏"为题对行程、线路、活动做了详细记载,在民间创作了许多广为流传的故事和传说,诸如《铁打的洪广营,纸糊的宁夏城》《王廉哭五更》《掉底包子糊涂面,有钱没钱吃两碗》《黄麻子的西瓜》《红嘴绿鹦哥》,戏剧《碧玉簪》等。随着岁月的流逝,人们接受和记忆的是民间传说,而对于真实的历史反而模糊起来。本文依据《清史稿》和《清实录》以及地方史志对康熙宁夏之行做了考证,并将相关珍贵史料录于文中以便读者阅读和研究。

一、康熙平叛宁夏行缘由

早在元朝灭亡以后,成吉思汗的子孙们便退回塞外,居住在大漠南北,逐渐形成了漠南蒙古,漠北喀尔喀蒙古,漠西厄鲁特蒙古。厄鲁特又称卫拉特,又分为四部,即和硕特、准噶尔、土尔扈特、杜尔伯特。四部中,准噶尔部势力最强,先后兼并了土尔扈特部及和硕部的牧地。清朝顺治、康熙两朝对蒙古各部实行联合的策略。可是,居住在阿尔泰山以西的漠西蒙古却不肯合作。到噶尔丹执政时,随着漠西蒙古势力范围的不断扩大,噶尔丹分裂割据的野心愈益膨胀。此时,正是沙皇俄国疯狂向外扩张的时期,为达到侵略中国西北边疆的罪恶目的,对噶尔丹进行拉拢利诱。康熙初年,噶尔丹统治了准噶尔部,势力渐强,控制了阿尔泰山周围地区和内蒙古的大片土地。康熙十七年(1688年)噶尔丹与沙俄相勾结,继续向东进兵,威胁到清朝的统治和安宁,也是丝路阻断。康熙以及清王朝对分裂势力采取了严厉的打击措施,先后进行了三次大规模的战争。

二、康熙帝三次征讨噶尔丹的过程

(一)第一次征讨乌兰布通之战

康熙二十七年(1688年),噶尔丹亲率骑兵3万自伊犁东进,喀尔喀首领向清廷告急,请求保护。康熙一面把他们安置在科尔沁(今内蒙古科尔沁旗)放牧,一面责令噶尔丹罢兵西归。但噶尔丹气焰嚣张,置之不理,反而率兵乘势南下,深入乌珠穆沁境内。对于噶尔丹的猖狂南犯,康熙一面下令就地征集兵马,严行防堵,一面调兵遣将,准备北上迎击。康熙二十九年(1690年),噶尔丹率兵南下,逼近乌兰布通(今内蒙古昭乌达盟克什克腾旗附近,距北京350公里),震动北京。康熙决定亲征,其部署是分兵两路出击:左路军出古北口(今河北滦平南),右路军出喜峰口(今河北宽城西南),从左右两翼迂回北进,消灭噶尔丹军于乌珠穆沁地区。康熙亲临博洛和屯(今内蒙古正蓝旗南)指挥。噶尔丹背山面水布阵,将万余骆驼缚蹄卧地,背负木箱,蒙以湿毡,摆成一条如同城栅的防线,谓之"驼城",令士兵于驼城之内,依托箱垛放枪射箭。清军以火器部队在前,步骑兵在后,隔河布阵。噶尔丹大败,仓皇率数千人狼狈逃窜,逃回科布多(今蒙古吉尔噶朗图)。但失败后的噶尔丹不但不思悔改,反而继续召集流亡,扩充实力,与清王朝为敌。为此,清廷在北方全面部署兵力征讨噶尔丹。

(二)第二次征讨昭莫多之战

康熙三十五年(1696年),噶尔丹率领骑兵3万,扬言借得沙俄鸟枪兵6万大举南下。康熙命令京营八旗精锐火速进驻宁夏,陕甘川各调部分军队于宁夏一带布防。宁夏地处祖国西部,南有高原湿岛六盘山环抱滋润,北有巍峨贺兰山阻风挡沙,中有黄河穿行润泽,水草丰美,良田广阔,物产丰富是西部方圆千里难得的一块塞上绿洲,同时南与中原相连,北与草原为邻,西入河西走廊,南通丝绸之路,向称"据八郡之肩背,绾三镇之要膂""关中屏障,河陇噤喉"战略位置极为重要,为兵家必争必争之地,也是古代战争大部队补给粮草,兵马休养生息理想之地。作为具有雄才大略熟知中国历史地理的康熙帝遂将宁夏选定为出征噶尔丹排兵布阵的战略指挥中心和兵马粮草筹集地。清王朝调集9万军队,分东中西三路进击:东路9000余人,由黑龙江将军萨布素率领越兴安岭西进,出克鲁伦河实行牵制性侧击;西路4.6万人由抚远大将军费扬古为主将,分别出归化、宁夏(今宁夏银川)、越过沙漠,会师于翁金河(今蒙古德勒格尔盖西)后北上,切断噶尔丹军西逃科布多之路。宁夏为西路,康熙帝率主力军由中路亲征。西路以议政大臣、抚远大将军费扬古为主帅,会同甘肃提督孙思克、宁夏总兵王化行、固原总兵潘育龙等人的军队共约1万多人(包括满汉马步兵及火器营),由宁夏北上,截击可能向西逃窜的叛军。噶尔丹在昭莫多(今蒙古国乌兰巴托东南)被西路军打败,其主力被消灭,噶尔丹只带了几十个亲信逃走。康熙决定赦免噶尔丹之死罪,令其来京谢罪。但噶尔丹继续负隅顽抗,拒不接受朝廷招抚。为了彻底歼灭噶尔丹叛乱势力的残余,康熙帝决定,从西路宁夏发兵北伐进行第三次亲征。

(三)康熙第三次征讨噶尔丹宁夏行的过程

据《清实录》康熙三十六记载,康熙三十六年二月初六,时年44岁的康熙帝率师出北京,皇长子胤禔(zhī)随驾,出德胜门,驻昌平,又经宣化府、大同,渡黄河,过榆林,于三月十七日,到达陕北安边。宁夏总兵王化行前去迎驾,康熙传旨:已先期到达宁夏的诸大臣不得远来迎驾以劳马力,只令于黄河对岸迎接即可,其余将士待圣驾到宁夏时,在近城地方迎接就行了。三月十八日,康熙帝一行驻跸安边城东。三月十九日,驻在定边。

三月二十日,康熙进入宁夏境内。在宁夏境内,康熙帝一行沿明代边墙(长城)内侧西行。并下令设立榆林至宁夏驿道,设立花马池至横城驿站七站,每站备马30匹。三月二十日,驻花马池。三月二十一日,驻安定堡。三月二十二日,驻兴武营。三月二十三日,驾居清水营,三月二十四日到达临河堡,当天驻在横城堡,并设立了横城至宁夏城驿站。次日,在横城渡口举行了祭祀黄河仪式,派大学士伊桑阿祭拜"黄河之神",又接见了宁夏提督赵良栋之后代,随后来到横城古渡口。康熙帝在

横城堡的一面墙上即兴写下了一首七言绝句诗《横城堡渡黄河》:

"历尽边山再渡河,沙平岸阔水无波。

汤汤南北劳疏筑,唯此分渠利赖多"。

三月二十六日,康熙帝一行来到宁夏府城,驻跸在原宁夏总兵冯德昌府第。当日,派皇长子及诸臣到银川东郊的掌政桥吊唁于本月初病故的将军赵良栋。

三月二十七日,川陕总督吴赫朝见。康熙帝谕示说(大意):"朕巡幸沿边地方,巡查各地村落人口和生活情况,以及田地肥沃贫瘠状况。从山西到陕西,走了二千余里,直达宁夏。只有朔方地区依赖黄河水,疏渠灌田,宜于稼穑。……现今一切军需粮草,都已储备好了,足够用了。至于侍从人员,一概从简。所有马匹,都在野外水草丰茂的地方放牧,不许再到民间摊办草料,烦扰百姓。"康熙帝的旨意,深受百姓的拥护。

三月二十八日,大学士伊桑阿遵照康熙帝旨意抚恤在昭木(莫)多、瓮金等地征讨噶尔丹时阵亡的宁夏官兵,"千总刘进孝,遣侍卫往吊,例给银一百五十两,其马兵六十一名,各给银五十两"。刘进孝系康熙三十五年随总兵王化行征噶尔丹,同中营游击陈维屏守瓮金时阵亡。之后,康熙帝又派内大臣常泰祭奠被变兵杀害的前提督陈福,派大学士伊桑阿再次祭奠已故将军赵良栋。

三月二十八日这一天,康熙帝还出宁夏城北门,检阅了绿营马步兵操练,并率皇子及善射侍卫等射箭,康熙帝两射中,官兵欢呼。赐总兵王化行等宴,又遣近侍将御用食物赐给众兵,王化行等官兵谢恩,欢声动地。

三月二十九日,康熙帝登上府城南门城楼(今银川南门楼)巡防阅阵,检阅了八旗前锋黑龙江兵。

康熙帝在宁夏府城暂住期间,除亲自部署出征的各项军机事宜外,还多次召见宁、陕、甘地方军政要员。康熙帝在宁夏府城驻跸期间,还亲自巡行原野,视察河渠灌溉。据《平定朔漠方略》载,康熙帝"亲巡农野,视渠流灌溉,耕者馌者(馌,yè,给在田耕作的人送饭),往来不禁"。并下诏免去宁夏当年田租。又亲书"云林幽"三字,赐给康熙辛未年(康熙三十年,1691年)宁夏武状元、云贵总督张文焕之父张应赋。又见前明经略马世龙牌坊上的字已经残缺,便书"总理六师"四字赐其后人。每次出巡,百姓"充巷塞途",观者如堵,瞻仰天颜。康熙在宁夏期间还作《望贺兰山》

诗一首：

"截嶪排霄耸处难，马头苍驳望难穷。

遥想洮陇绵秦塞，迅扫埃氛薄汉功。

气杂云烟疑结阵，势回龙虎状盘空。

金戈夜火长征地，尽属西陲界域中。"

据《清史稿·圣祖本纪》记载，闰三月十四日，宁夏乡绅、生员和兵民听说皇上于明日起行，便拥集在行宫外，叩首奏请康熙帝"复留数日"。康熙帝说：为了剿灭叛匪，安抚百姓，此次朕专门到宁夏处理军务，已驻"十有余日"。以前，朕所到之处，没有驻跸超过3日的，况且宁夏"边地硗(qiāo)瘠，民生艰苦，朕深悯之。朕扈从(随从)人众，恐多留一日，即滋百姓一日之扰，已定十五日启行。尔等诚恳之意，朕已知悉"。并下令将过去八旗兵驻防宁夏时所圈民房1906间，全部归还原房主，众人欢呼叩谢。并奏请御制圣训，刻为碑铭，光垂万代，世世瞻仰。康熙帝认为制文颁赐，运碑雇匠，烦苦百姓，不必了。绅民又叩首复请，最后允准，遂制碑文。

御制碑文曰："谕宁夏文武官员兵民人等：朕体天育物，日以治安为念。虽身在宫廷，而心恒周四海。顷因指画军务，不惮勤劳，远莅宁夏，无非为荡涤寇氛，绥交生灵计也。缘边千余里，土壤硗瘠，惟宁夏洪流灌输，诸渠环匝，巡览所至，甚惬朕怀。夫农桑者，衣食之本，积贮者，殷阜之原。尔官吏宜董劝父老子弟，三时力田，以尽地利；比屋勤殖，以裕盖藏。纵使岁偶不登，亦可无忧匮乏。若夫秦风健勇，自昔为然。其在朔方，尤胜他郡。尔等或职居将领，或身隶戎行，尚务厉精锐，以效千城御侮之用，斯国家有厚赖焉。至于忠信慈惠，服官之良轨；孝弟齿让，生人之大经。法纪不可不明，礼教不可不肃。勿以地处边陲，而不治以经术；勿以习尚气力，而不泽以诗书。总期上率下从，庶几驯臻雅化。兹乘舆返跸，距灵朔虽远，而眷念塞垣，如在几席。尔等诚能敬体朕言，将吏协恭，兵民咸理，生聚日益厚，风俗日益谆，则疆圉实有攸神，朕心亦用深慰。慎勿视为具文，辜朝廷拳拳导之意。钦哉。"

闰三月十五日，康熙帝一行离开宁夏府城，从横城古渡乘船顺黄河北行。随驾船101只，其中楼船3只，官员和侍卫坐船96只，载马大船2只。康熙三十六年闰三月丙申(1697.5.6)康熙驻跸流穆河(今平罗县二闸乡柳木河子村东之黄河河段)西岸。康熙三十六年闰三月丁酉(1697.5.7)康熙驻跸哨马营(今惠农县西)西南隅之峡河西岸。康熙三十六年闰三月戊戌(1697.5.8)康熙驻跸哨马营。康熙三十六年闰三月己亥(1697.5.9)康熙驻跸石嘴子(今惠农区)西南隅黄河西岸。"

从这些记载可见康熙乘船返京时,沿途在尧甫堡(今姚伏)、流穆河西岸、峡河西岸、哨马营(在今宁夏平罗县境内)和石嘴子(今惠农区)等处黄河岸边各宿一夜,并一路以渔猎补充食用,二十六日到达黄河西岸的白塔(今内蒙古临河附近)。康熙说"朕在宁夏(银川城)住了十九天,自闰三月十五日起身往黄河白塔地方去,离宁夏四百里"。

康熙率大队人马和粮草在横城乘船到内蒙古白塔给出征将士送行。康熙从宁夏赴内蒙途中赋诗一首《自宁夏出塞滨河行至白塔乘舟顺溜而下抵湖滩河朔作》:

> 黄河之源难可穷,滔滔来自退荒中。
>
> 既入洮兰复西出,飞涛浩瀚声淙淙。
>
> 来从边山远跋涉,遣师挽饷兼采风。
>
> 回銮欲假顺流便,特乘艇舰浮奔洪。
>
> 潆洄大野势几曲,沙岸颓突还巃嵷。
>
> 乱柳排生枝干密,中有巨麃藏榛丛。
>
> 遥山转转行莫尽,忽前俄后迷西东。
>
> 有时塞云催急雨,晚天霁色横长虹。
>
> 旌门月上夜皎洁,水光直与银汉通。
>
> 放棹百里只瞬息,迅于走坂驰骏骢。
>
> 中霄望见旄头落,幕北已奏烟尘空。
>
> 兹行永得息兵革,岂惜晓暮劳予躬。
>
> 长河绵延古鲜历,巡阅乃与区域同。
>
> 自此寰海乐清晏,熙恬万国咸亨丰。

康熙访宁夏,留下许多美丽的传说,如平罗的康熙饮马湖和铁打的平罗城。关于康熙来宁夏,史书记载的只有这一次,三次来宁夏的说法,毫无根据,也经不住推敲,康熙只是三次亲征噶尔丹,并不是三次访宁夏。

(四)凯旋回朝

就在康熙帝第三次亲征时,噶尔丹曾派他的儿子到哈密借兵。没想到哈密王把他的儿子捆起来献给了朝廷,他左右的亲信不是远逃就是投奔清营。四月十五日,康熙帝一行到布古图(即今包头),费扬古报告,在闰三月十三日,众叛亲离、走投无路的噶尔丹服毒自杀于阿察阿穆塔台(时年54岁)。至此康熙时期平定噶尔丹叛乱之战始告结束,历时8年之久北方分裂割据势力灭亡,喀尔喀地区重新统一于清朝。康熙帝下令班师回朝。

康熙五月十六日回到北京。康熙在回北京途中作诗《凯旋言怀》:

"六载不遑息,三度勤征轮。边桥自此静,亭堠无烟尘。兵革方既偃,风教期还淳。兴廉遵昔规,崇文育群伦。所用惟才俊,非仅荣簪绅。尔俸与尔禄,脂膏出细民。永固念帮本,不愧王国宾。"

噶尔丹死后,其子孙相继成为准噶尔部的统治者。他们在沙皇俄国的支持下继续叛乱,不断袭击清军据守的科布多、巴里坤(今新疆巴里坤)、哈密等军事重镇,并派兵侵入西藏,进行分裂叛乱活动。由于康熙,雍正及时派兵进藏协同藏军进行围剿,才将叛乱势力赶出西藏。这场战争,起于清康熙二十九年(1690年),迄于清乾隆二十二年(1757年),迭经三朝,历时70年,最终平息叛乱,取得了完全胜利。

三、史志记载

(一)《清实录》

《清实录》"康熙三十六年"以及三十五年和三十七年,用大量篇幅记载了康熙平叛宁夏行的详细过程,前文已引述,由于文字太长,这里不再赘述。详情见《清实录》"圣祖平叛临宁夏"。

(二)《清史稿》本纪七圣祖本纪二

"三十六年丁丑春正月丙辰,上幸南苑行围。戊辰,哈密回部擒噶尔丹之子塞卜腾巴尔珠尔来献。己巳,遣官存问勇略将军赵良栋,赐人葠鹿尾。甲戌,谕:"朕观明史,一代并无女后预政,以臣陵君之事。我朝事例,因之者多。朕不似前人辄讥亡国也。现修明史,其以此谕增入敕书。"

二月丁亥,上亲征噶尔丹,启銮。是日,次昌平。阿必达奏哈密擒获厄鲁特人土克齐哈什哈,系害使臣马迪之首犯。命诛之,子女付马迪之家为奴。戊戌,上驻大同。丁未，次李家沟。戊申，诏免师行所过岢岚、保德、河曲等州县今年额赋。是日，次辇鄠村，山泉下涌，人马霑足。庚戌，遣官祭黄河之神。

三月丙辰，上驻跸屈野河。厄鲁特人多尔济、达拉什等先后来降。赐哈密回王金币冠服。丁巳，赵良栋卒，上闻之，嗟悼良久，语近臣曰："赵良栋，伟男子也。"

辛酉，次榆林。戊辰，次安边城。宁夏总兵王化行请上猎于花马池。上曰："何如休养马力以猎噶尔丹乎？"辛未，次花马池。丙子，上自横城渡河。遣皇长子胤禔赐奠赵良栋及前提督陈福。丁丑，上驻跸宁夏。察恤昭莫多、翁金阵亡弁兵。己卯，祭贺兰山。庚辰，上阅兵。命侍卫以御用食物均赐战士。

闰三月辛巳朔，日有食之。庚寅，康亲王杰书薨。宁夏百姓闻上将行，恳留数日。上曰："边地硗瘠，多留一日，即多一日之扰。尔等诚意，已知之矣。"

夏四月辛亥，上次狼居胥山。甲寅，回銮。庚申，命直省选文行兼优之士为拔贡生，送国子监。甲子，费扬古疏报闰三月十三日噶尔丹仰药死，其女锺齐海率三百户来降。上率百官行拜天礼。敕诸路班师。是日，大雨。厄鲁特降人请庆贺。止之。先是，上将探视宁夏黄河，由横城乘舟行，至湖滩河朔，登陆步行，率侍卫行猎，打鱼射水鸭为粮，至包头镇会车骑。"

（三）《朔方道志》卷三十一三十六年二月帝视师宁夏

"二月丁亥，车驾发京师。三月戊辰驻跸陕西安边城东。庚午此定边。辛未次花马池。壬申次安边堡，癸酉次兴武营。甲戌次清水营，乙亥次横城。丙子自横城渡河驻跸河岸。丁酉临宁夏驻跸前任总督兵冯德昌第，谕大学士伊桑阿议卹昭莫多翁全阵亡负兵。闰三月丙午驻跸黄河西岸白塔。己酉驻跸黄河西船站，阅视八旗前锋黑龙江兵。"

（四）碑记

在新疆维吾尔自治区昭苏县树立"格登山记功碑"；在内蒙古自治区呼和浩特市树立"康熙平定噶尔丹纪功碑"分别记载了清康熙皇帝平定噶尔丹叛乱这件盛事。

1."格登山记功碑"

格登山记功碑全名为"平定准噶尔勒铭格登山碑"，碑文由乾隆皇帝于1760年亲手撰拟，歌颂清军平定准噶尔叛乱的记功碑，该碑竖立在昭苏县境内的格登山山顶。2001 年 06 月 25 日,此碑作为清代文物,被国务院批准列入第五批全国重点文物保护单位名单。

2.康熙平定噶尔丹纪功碑

保存在呼和浩特市旧城席力图召和小召(崇福寺)内,于康熙四十二年(1703年)树立,用汉、满、蒙、藏文铭刻了康熙亲征的全过程。

四、清宫档案保存的康熙平叛宁夏行期间的十七封密信

康熙远征西行宁夏期间于 1697 年写给自己最信任的一位太监 17 封信。这些信原来密藏于皇宫的一个匣子里,1911 年辛亥革命时,被学者们发现,继而被转抄出版。中国历史上或许尚无其他帝王有这些系列信札被保存下来。从中可以看到宁夏物产,风土人情,也能管窥宫廷、皇帝的一些私密。如:第六封信"哈密回回送嘎尔但贼予所带来的土物,惟晒干甜瓜,其味甚美＿＿＿有空处,都用葡桃添了。尔等传知妃们,物虽微而心实远也,不可为笑。三月初七日。"第七封信"朕走鄂尔多斯地方,蒙古富金们来的甚多。尔将妃嫔们的棉衣,每位一套,棉纱衣,每位一套,报上,带来。又,徐常在二位答应,衬衣、夹袄夹、中衣、纺丝、布衫、纺丝中衣、缎靴袜,都不足用。传于延禧宫妃,着量做,完时报上,带来。三月初七日"第八封信"二十四日到横城,黄河边上驻跸。二十五日,过河,驻跸河边上。二十六日到宁夏。此处风景虽不如南方,比朕一路走过的地方,有霄壤之分。诸物皆有,吃食亦贱。西近贺兰山,东临黄河,城周都是稻田。自古为九边,朕已到七边。所过之边地,惟此宁夏可以说得。朕今抵宁,所得土物数件,恭进皇太后,又赐妃嫔们数件,尔按字送去,特谕。二十六日抵宁。二十七日即差潘良栋捧土物恭进去了。凡有字者,照字送去,无字的,潘良栋口传。三月二十八日"第十四封信"朕使人到宁夏,寻得食物米面等物,面比上用面还强,葡萄甚好。此处与边墙相近,所以诸物都有,只恨不冷,河不冻,难以行走。四月初七日"

五、历史意义

康熙帝第三次御驾亲征噶尔丹,是以宁夏为筹集军需、组织兵力的大本营。在来宁夏的途中,他已先后派遣督运都察院左都御史于成龙、西安都统阿兰台、侍读

学士阿尔赛,及川陕总督吴赫等到宁夏等地督买粮食和驼马驴骡牛羊。采买不够,又借调西安八旗及各标营马匹8500匹到宁夏黄河横城。粮食在发兵之前分别由水陆两路运往白塔,水路由黑龙江水兵200名率宁夏水手用大船从黄河运送;陆路分6队,用骆驼和马骡驮往白塔,由原来采购牲畜的御史顾素和随驾部院官员押运。总计这次由宁夏征集运出的军粮1.17万石,从宁夏调出的骆驼1600多峰、马骡1.5万匹。又从固原、西安、榆林、大同、绥远等地调集大量军队到宁夏黄河横城渡口整装待发。其中包括满洲八旗、绿营标兵、汉军火器营等,京营前锋还带马驮子母炮8门。康熙帝命孙思克、博霁、阿兰台、王化行、李林隆等将领分别统领,陆续从宁夏出发,开往前线。大将军费扬古为主帅。这次出征的将士中,士兵每人准备4个月的口粮。每名前锋兵配马5匹,每2人备骆驼1峰。一般绿旗兵配马3匹,骆驼2人共1峰。

第一、清军平定准噶尔贵族分裂叛乱战争的胜利,不仅维护、巩固了西北边陲,消灭了准噶尔贵族分裂势力,而且也打击了沙皇俄国侵略中国准噶尔的野心,对于以后挫败帝国主义勾结利用民族败类分裂祖国的阴谋,捍卫西北边疆的斗争,产生了良好的深远影响。

第二、清廷抚剿并用的策略运用的比较成功。清军进行的是维护祖国统一、反对准部贵族分裂叛乱的正义战争,因而得到各族人民支持。在战争指导上,能依据客观情况,制定出切合时宜的作战方针。清廷对于噶尔丹先礼后兵,先是招抚,也算仁至义尽,但噶尔丹拒不和谈投降,一意孤行,清廷遂大兵征讨。噶尔丹率军东侵喀尔喀之际,其后方基地伊犁地区被其侄策妄阿拉布坦所袭占。加之连年战争,噶尔丹"精锐丧亡,牲畜皆尽",内部异常混乱,噶尔丹兵败无所归处,最终选择了自杀。

第三、清军准备比较充分。针对作战地区地理条件的特点,认真做好战争准备,注意发挥骑兵快速机动作战的能力和发挥火器部队的作用。清军设立驿站和火器营,沟通内地与漠北地区的联络,专门训练使用火铳火炮。调集兵马,征调大批熟悉情况的蒙古人为向导,随军携带5个月口粮,按每名士兵配备一名民伕四匹马的标准,组成庞大的运输队,备有运粮大车6000辆,随军运送粮食、器材;筹备大量防寒防雨器具,准备大批木材、树枝,以备在越过沙漠和沼泽地时铺路。

第四、重新开通丝路。从康熙十七年(1688 年噶尔丹与沙俄相勾结叛乱东侵,致使丝路断绝 8 年之久,到康熙三十六年,康熙平定噶尔丹叛乱之战始告结束,中断的丝路逐渐恢复,东西贸易逐渐开通。寂静的丝路又慢慢兴盛繁忙起来。

第五、宁夏军民参战者很多,做出了巨大贡献。宁夏籍军人在这场平定噶尔丹的战斗中有多人立功晋级,有提升为甘肃提督的孙继宗、广西提督田峻、固原提督武进士马会伯、贵州总兵赵宏印、安西提督王能爱等。

(郑彦卿,宁夏社会科学院研究员、编审)

明代宁夏的两次兵变

薛正昌

　　明代边境防御有两大困扰，即所谓的"北虏南倭"。为防御和对抗北方蒙元兵锋的入侵，朱元璋一面在沿边地区广设都司卫所，一面分封诸王于塞上，以构建防御体系。明成祖永乐元年将大宁都司内迁，北方边防线整个内移，天险尽失，遂有筑长城守边之举。"土木之变"后，明朝政府重建北方防御体系，以九边重镇为九大军事防区并沿边布局。"天下之大患在西北，故皇祖有训：胡戎与西北边境互相密迩，累世战争，必选将练兵，时谨备之。"①这是明代西北边境防御的军事生态环境。宁夏镇、固原镇，为明代北方九边之重镇。宁夏北部实行卫所制，屯田御边；宁夏南部固原军事建制与地方州县并举。宁夏的地理位置，成为北元兵锋南下的要冲。

　　晚明是一个很特殊的时代，在中国文化变迁上也是个大转折的时代，更是了解全球经济文化重心转移到欧洲的关键时期。16世纪之后，整个中国的经济快速发展，最主要是沿着一个十字轴心线扩散，横的轴线是长江流域，直的轴线就是大运河。从中国内部思想发展而言，经济与社会的变化配合阳明学派的兴起，模糊了"士"与"商"的分界，使得精英文化与通俗文化有了一个交汇。晚明江南经济繁荣、生活富裕、文化娱乐蓬勃，出现了一个审美追求十分精致的高峰；但是政局纷乱，而且内部危机很多。江南的发展与西北地区差距很大，非常不平衡，而且两极分化造成阶级冲突，愈演愈烈，到了明末天启崇祯年间，就发生了民变，出现了大规模农民造反运动。明代西北是军事防御的重要地区，后期军屯相继放弃，再加上自然

---

　　①茅元仪：《武备志》卷二百四，《明代蒙古汉籍史料汇编》第二辑，第528页。

灾害,粮饷供给受到一定程度的影响。尤其是明末,阶级矛盾激化,不但身处水深火热的农民为生存而奋起反抗,军队粮饷也长期拖欠。农民起义与军队哗变皆发生在西北,不是偶然现象。崇祯年间,宁夏发生两次兵变,而且与农民起义有着一定的联系

一、崇祯元年固原兵变

兵变背景

明代末年的农民战争,自天启七年(1627年)陕西澄城王二杀知县张耀山算起,到崇祯十七年(1664年)明朝朝灭亡,前后持续18个年头。以李自成大顺政权建立为标志,终于推翻了明王朝的腐朽统治,对推动社会发展起了一定的作用。虽然明末农民起义同中国建社会历史上所有的农民战争一样以失败告终,但明末农民战争时间之久、规模之大、影响之深远,为以往之农民起义所不及。崇祯年间宁夏发生过过两次兵变:一是崇祯元年的固原兵变;二是崇祯九年宁夏兵变。明代固原与宁夏皆为军镇建制,没有隶属关系;但明代陕西三边总督驻节固原,节制延绥、宁夏、固原、甘州四大军镇。明代固原、宁夏两次兵变,与崇祯时期农民大起义直接或者间接地发生过关联,对明末农民起义影响很大。

明代陕西,其地域为北方最重要的边省之一。早在景泰元年,就升刘广衡为右副都御史,镇守陕西。①陕西所属延绥、宁夏、甘肃三地,亦于正统年间从陕西划出,三地分别专设巡抚,由陕西固原三边总制府节制,史称“西三边”。这里从三个方面追溯明代固原历史,目的是为阐述崇祯元年固原兵变的历史意义及其与明末农民起义的关系问题提供理论上的依据。这次兵变与明末农民起义的时间、地域、影响及作用等方面有直接或间接的关系。

明朝和蒙古的关系始终是敌对的,从1368年以后,一直到明朝灭亡。元顺帝跑掉了,他的军事实力并未受到严重损失,还保存着相当数量的军队,并时刻在想办法反攻。明景泰初,蒙古鞑靼部入寇,始犯延绥,但不敢深入。嗣后,及潜眉河套,遂出没为患,迫使明政府逐渐开始加强西北边备,景泰二年,固原由千户所升为

---

① 《景泰实录》元年闰正月癸亥。

卫,并筑固原城。天顺以后,西北边备日亟,蒙古保喇部连续犯边并击败明军,"关中震恐"①,明兵部始派大员督军陕西。成化初,陕西延绥、宁夏、甘凉等镇兵已随时进入战备状态,候期调发。同时,整街边备,增筑墩台,成化八年以后,明军在陕西"三边"者兵力得到了加强,并开始反击。当时总督军务王越曾奏,搜套(河套)非十五万尽不可。②到成化十年,明廷任命王越总制延绥、甘肃、宁夏"三边",设总制府于固原,控制三边。设陕西三边总制府于固原,首先是出于军事上的需要。时刑部主事张鼎已讲得明白:陕西八府三边,俱在镇守总兵,而巡抚都御史不相统一,遇事各为可否,有警不相救援。宜推文武兼备者一人总制三边,副将以下悉听调遣,以一事权。至此,固原始为重镇,屹然一巨镇矣。③陕西三边总制成为定制,固原成为陕西三边指挥中心所在。此设终明之世,一直延及清初。

自明成化年间始设三边总制及明末,驻固原的三边总制五十余人。三边总制的人选以部院大臣充任,基本是以兵部尚书、侍郎或都御史为基本官而兼之,地方文武受其节制。这是明代军事建置的一大特征。固原三边总制府的设置背景及变迁过程,前文已有较为详尽的梳理。此不赘述。崇祯元年固原兵变对明末农民起义的影响很大,而且他们之间关系密切。因此,理清固原三边总制的设置及其演进,对于我们认识明末固原兵变的意义有直接作用。

固原,在历史上既是边关,又是兵家必争之地。明代陕西三边总督驻节固原,它的地理位置更显得重要。自明弘治十四年设固原镇后,边墙向西延伸,增筑至靖虏,抵临洮、兰州、会宁界,当时称为"内边"。"内边"长达千里,与宁夏之"外边墙"并称。虽然固原亦地处前防,蒙古诸部多次兵临城下。当时的固原就地理方位而论,有其特点:

第一,明弘治年间,蒙古小王子部复驻牧河套,固原开始成为兵冲,成为"平庆、临巩门户④,花马池为陕西三边总督第一防线,响石沟至花儿岔为第二道防线,固原较此两处,可谓堂奥之地,但却牵制着东、西、北三面的整体防御。

---

① 《明通鉴》卷二十八。
② 《明通鉴》卷三十二。
③ 许伦《九边图论·固原》。
④ 《明通鉴》卷三十九。

第二,《明史·兵志二》载,明代北边防御有四处险要之地,即"大同之三边,陕西之固原,宣府之长安岭,延绥之夹槽"。陕西固原三边总制辖两处。固原是陕西三边总制府所在地,这里有充足的兵员,储存有西北诸镇的部分边饷,有固原州库等物资贮藏,军事战略意义重大。及明朝末年,驻固原陕西三边军队人数陆续增加,边饷也随之激增。固原州库,是粮料与饷银集中存放的地方。明代固原州库与边备有密切关系,"为军需备",故显得非常重要。崇祯元年的固原兵变,就是以"抢州库"开始的。《明通鉴》卷七十四载:固原兵变发生于崇祯元年(1628年)十二月二十日,兵变的直接原因是边兵缺粮饷所致。兵变后,"乱卒劫固原州库,遂入贼党"。兵变期间,陕西三边总督武之望在任。参加兵变的士兵劫取固原州库粮饷后,即转攻陕西泾阳、富平、三原等县,明军的游击官都被俘虏。整个兵变持续时间不长,大部分起义者数月时间就被分化,投入农民起义军行列。余部直到崇祯三年还在耀县等处抗击明军,洪承畴合兵万余人也未能将他们覆灭。

第三,三边所属四镇,甘肃,治所在今甘肃张掖;延绥,治所在今陕西绥德,后移至榆林;宁夏,治所在今银川。从地理位置看,固原镇同甘肃、宁夏、延绥成为犄角,固原地控险阻,为历代边防要区。明崇祯五年正月,陕西原任通政使马鸣州上奏折说:"三秦为海内上游,延安、庆阳为关中藩屏,榆林为延庆藩篱。"①固原为三边总制所在,左有延庆,右有甘凉,北与宁夏成鼎足之势,总控中央,地理位置实为关中之藩屏。"固原在宁夏之南,虽云近胡番要害之地,然东向可以顾榆林,西向可以顾甘肃,是以迩来总督参游悉驻扎于此。若镇巡运筹其中,参游分兵会各镇折冲于外,处置得宜,粮饷无缺,全陕亦可自恃以无恐矣。"②但后来法久弊生,军队的屯田多被官军、豪右和内监占夺。

兵额、边饷与固原州库

明代固原、宁夏兵变,是明末社会矛盾激化的表现。明朝末年的社会危机涉及政治、军事、经济、社会等各个方面。一是朝政腐败,导致明朝专制统治出现全面危机。明武宗的荒诞与宦官刘瑾的专权,已经为明王朝政治的毁坏留下了祸根。中间经历了数十年不上朝的明神宗,宦官魏忠贤左右朝政,朝野更加混乱黑暗。明思宗

①《史明纪事本末》卷七十五《中原群盗》。
②许伦:《九边图论·固原》。

即位后,农民起义如燎原的烈火点燃于各地。二是皇室、贵族、勋戚、宦官和官僚地主兼并土地,既加重了地主阶级内部的矛盾,沉重的赋税转嫁到农民和一般地主身上,"富者动连阡陌,贫者地鲜立锥"①。三是平乱(平定宁夏哱拜之乱耗白银 200 余万两,东征援朝耗费 700 余万两,平定播州杨应龙叛乱耗费 200 多万两)②开支节越来越大,巧立名目的赋税(包括辽饷、剿饷、练饷)不断追加。顾诚《明末农民战争史》里,引用《明经世文编》卷 444 记载,平定宁夏哱拜之役耗银 187 万余两③。四是兵变多发,军饷拖欠日趋严重。五是天灾濒发,西北地区爆发大面积旱灾和蝗灾。万历初年至天启年间的五六十年间,旱、蝗、雹、霜、地震、瘟疫各种自然灾害几乎无年不有④,成为"野无青草,庐舍成墟"的惨状。这个大背景,与固原、宁夏兵变关系密切。

万历以后,国家财政入不敷出,拖欠军饷的现象越来越严重。再加上官吏的克扣,灾荒连年,粮价陡涨,士兵的生活更陷于绝境。崇祯初年民变以饥民为主,不久叛兵也不断加入其中。崇祯初的几年里,陕北、延安、庆阳一带旱灾、霜灾、蝗灾接连,成了饥民不断起来造反的策源地,再加上社会充满了黑暗,饥寒交迫的老百姓就铤而走险。兵变,源于政府积欠饷粮太久,生活无法着落就发生溃变。固原、宁夏在明代尚处在边地,军队所用称为"边饷"。边饷的供给有两项:民运银和京运银。以万历三十八年至天启七年(1610—1627)拖欠固原镇、宁夏镇京运银为例,即可看出当时边饷拖欠情况:

万历三十八年至天启七年拖欠固原、宁夏二镇京运银额表(单位两)

镇别	各镇京运银每年原额	万历三十八年至泰昌 1 年拖欠数	天启 1 年拖欠数	天启 2 年拖欠数	天启 5 年拖欠数	天启 6 年拖欠数	天启 7 年拖欠数	万历 38 年至天启 7 年每镇拖欠数
固原镇	145,823	24,580	24,257	10,431	10,537	155,377	111,552	327,726
宁夏镇	133,795		23,426	42.989	8,085	101,722	34,166	210,790
下马关	42,372			12,372			10,332	22,705

资料来源:李文治编《晚明民变》第 17 至 18 页,中华书局、上海书店联合出版,1989 年。

---

①②《明清史料》第一〇本,北京图书馆出版社,2008 年,第 397 页。

③顾诚:《明末农民战争史》,光明日报出版社,2012 年,第 8 页。

④雍正《陕西通志》卷四十七《祥异志》。

由上表可以看出,明代固原镇、宁夏镇和下马关每年军饷的划拨情况,都有相当数量的拖欠,甚至有经年无饷的。据资料看,还有数月无饷的。至于边远驻军堡寨,还有二三年内未领银粒的。这是万历至天启年间的拖欠,崇祯时期情况更糟。《明史·南居益传》记载,南居益崇祯元年出任户部右侍郎、总督仓场,"陕西镇缺饷至三十余月,居益请以陕赋当输关门者,留三十万,纾其急,报可"。陕西镇的兵饷积欠到三十几个月。崇祯二年,固原、宁夏、延绥三镇缺饷至三十六个月之久①与陕西镇一样。明朝政府为应付当时的困难,又提出裁饷,固原、宁夏、延绥三镇每年再裁饷银 6 万多两②。这样,兵卒的待遇就更低了。饷银的积欠与裁减之外,还有率军将领的冒领和克扣。天启七年(1625),士卒的生活已经很困难,"衣不蔽体","日不再食",甚至出现鬻卖妻子儿女的现象。到了崇祯四年(1629),士卒每月只能领饷银五钱,一斗米的价钱贵到六七钱,五钱银子维持了十天生活。再加上将吏的克扣虐待,积怨日深。这些人既无月饷可食,又惮耕耘之苦,最后就发展到公开兵变。

明代财政,前期以本色(即米、布等食物)为主,中期以后随着商品经济的发展,作为折色的白银等地位逐渐上升,成为国家财政收支的主要交易物。固原兵变后,地方大员互相推诿。崇祯初年的农民起义,陕西巡抚胡廷宴、延绥巡抚岳和声,最怕听州县官员上报地方农民起义的事,层层相瞒。后来事态不断扩大,实在瞒不住了,又相互推诿。固原兵变后,到处劫掠,延绥巡抚岳和声讳言边兵为盗,说成是内地饥民。陕西饥民蜂起,巡抚胡廷宴束手无策,又说成是边军为乱。实际上,此时乱局已成,已陷于不易收拾的境地。

崇祯元年十二月固原兵变后,参加兵变的士卒劫取固原州库的财物,接着转攻陕西泾阳、富平、三原,明军游击李英被俘虏③。三边总制府设于固原,在明代西北边防上自然显示了其特殊的战略地位。降及明末,却成为兵变的策源地,对于农民起义来说影响力深远,意义更为重大。

据《春明梦余录》记载的明代九边军队情况看,明初各镇共计 591,415 人,隆

①计六奇:《明季北略》卷五,《南居益请发军饷疏》。
②李文治编:《晚明民变》,中华书局、上海书店联合出版,1989 年,第 18 页。
③吴伟业:《绥寇纪略》卷一,《怀陵流寇始终录》卷二。

庆初增至 856,722 人①。罗洪先《广舆图》载，明代固原镇马步官军 28,830 人，骡马 8,673 匹。万历《明会典》记载，弘治时各镇共拥兵 89 万多人②。李文治编《晚明民变》载明万历初期，固原镇军兵原额 126,919 人，实际驻军 90,412 人；军马原额 32,250 匹，实际军兵 33,842 匹③。以上所载固原镇驻军与军马数，由于统计的年代不同而不同，但军队布防一直呈上升趋势。崇祯十二年六月，明朝政府曾抽练各镇精兵。当时陕西总督杨嗣昌定议并经朝廷同意，陕西三边五镇（延绥、宁夏、甘肃固原、临洮）兵 157,000 多，其中五镇各练 1 万，总督练 3 万，以 2 万驻固原，1 万驻延绥，东西策应，其余分巡抚、副将以下分练④。另，明嘉靖九年，都御史汪曾言：西北沿边每镇官军应不下 7 万人）。此数虽为崇祯十二年兵额之数，但据《明史·杨鹤传》载：崇祯二年勤王之师，亦为延绥、宁夏、甘肃、固原、临洮五镇。由此可推知，崇祯元年陕西三边五镇及总制府固原的兵额不下 10 万。

崇祯二年固原兵变到底有多少人，目前还没有一个相对准确的数字。

明代中后期，陕西三边军队已经开始常年东西调守，来回抗战，明初的屯田生产已被迫停止，边军一面打仗，一面修复边墙。由于边军人数的陆续增加，边饷随之激增，再加上明中后期粮价暴涨，庞大的军费开支致使明朝政府的财政出现空前危机。崇祯元年六月，皇帝召廷臣于平台。户部给事中黄承昊上言："祖宗朝，边饷止四十九万三千八百八十两。神宗时，至二百八十五万三千九百余，先帝时，至三百五十三万七千七百余。其他京支杂项，万历间，岁放不过三十四万一千六百余，尔来至六十八万二千五百余。今出数共五百余万，而岁入不过三百二三十万……实计岁入仅二百万耳。"⑤兵额增加，饷数减少。由此可见陕西三边五镇的边饷。

《明史·食货志》载：固原屯粮料三十一万九千余石，折色粮料草银四万一千余两，地亩牛具银七千一百余两，民运本色粮料四万五千余石，折色粮料草布花银二十七万九千余两；屯田及民运草二十八万八千余束，淮、浙盐引二万五千余两，京

---

①孙承泽：《春明梦余录》卷四十二。

②《明会典》卷一百二十六。

③李文治编：《晚明民变》第 40 页，中华书局、上海书店联合出版，1989 年。

④《明通鉴》卷八十六。

⑤《明史纪事本末》卷七十二，《崇祯治乱》。

运银六万三千余两,犒赏银一百九余两①。凡延绥、甘肃、宁夏各镇兵饷,有屯粮、有民运、有盐引、有京运。从三镇粮饷看,均不及于固原,犒赏银就固原有。明代边军除正饷外,另有赏银。

固原州库处在三边总制所在地,它的粮饷储存基本统管三镇。据明《固原州志·万历中重修固原州库记》载:"州库岁纳盐、茶、马穀各币既繁且瑄,而悉由陕征运,计口授食,为军需备,顾敢玩乎哉!"②明代固原州库与边备有直接关系,"为军需备",故显得非常重要。崇祯元年的固原兵变,就是以"抢州库"开始的。

融入明末农民起义

固原兵变,发生于明崇祯元年(1628年)十二月二十四日。当时农民起义军主要有府谷王嘉胤、汉南王大梁、阶州周大旺,"三边饥军应之,流氛之始也③。""三边饥军"是指固原兵变的军队。在地方官员的眼中,"此饥民也,徐自定耳"④,没看做是农民起义。陕西三边总督武之望奏固原兵变,兵变的直接原因是边兵长期缺粮饷所致。兵变的军队,统治者称为"边贼",他们有精锐的马队,有齐全的武器。《明通鉴》卷七十四载"时边兵缺饷,乱卒乘饥民之起,相与哗噪……乱卒劫固原州库,遂入贼党"⑤。

史书记载有关明末史料,对这次固原兵变,只记载发生的时间和原因及其兵变后的零星活动等。倘若将这次固原兵变放在当时特定的历史进程之中,在宏观上进行历史考察,就会发现固原兵变对明末农民起义的影响和作用。崇祯二年正月,固原已"遭到变民的劫掠"⑥。上年的十二月固原兵变,次年的正月农民起义队伍就光顾固原,他们之间的关联是十分明显的。无论农民起义还是兵变,粮饷是其根本性问题。紧接着,是崇祯二年冬后金兵攻占直隶遵化,京师戒严,延绥、宁夏、甘肃、固原、临洮五镇"总兵官悉以勤王行",中途再发生兵变,"并合于贼,贼益张"⑦。短时期内两次兵变,而且与农民军相融合,实力与影响更为巨大。

---

① 《明史》卷八十二,《食货六》。

②④ 刘敏宽:《万历固原州志》,宁夏人民出版社,1985年。

③ 《明史》卷二百六十,《杨鹤》,中华书局,1987年。

⑤ 《明通鉴》卷七十四。

⑥ 李文治编:《晚明民变》,中华书局、上海书店联合出版,1989年,第27页。

⑦ 《明史》卷二百六十,《杨鹤》,中华书局域,1987年。

明末农民起义,酝酿于万历末年,正式揭开序幕则是天启七年陕西澄城爆发的农民起义,大规模的农民起义当在崇祯元年。固原兵变发生在崇祯元年,不是偶然的。从明末深层的历史背景考察,它们有其内在的联系。崇祯初年饥馑遍地,不但农民,即使明朝军队的粮饷也成为最棘手的问题。陕西三边饥军更是如此。崇祯元年七月,陕西巡抚御史李应期上奏朝廷请求蠲税和赈济,希望朝廷能拿出点残羹剩饭以施舍农民与边军。但大局已不可收拾,"至其季世,流寇首祸于西陲,浸寻蔓延,中原为之糜烂,金汤之固不足以制土崩,皈宇之广不足以成掎角"①,已是江河日下之势。固原兵变持续时间较短,只数月时间就被明军分化,大部分投入农民起义行列。"固原逃兵掠泾阳,又掠富平……掠泾阳执游击李英。"②不仅仅是投入农民起义队伍,而且对明军有重创。崇祯六年,"陕西贼攻隆德,杀知县费彦芳。分守固原参政陆梦龙战于隆德城下,死之"③。应该也有固原兵变的影子。整个兵变经过史料记载简略,但兵变本身的作用及其影响是大的,它不仅对明末农民起义产生过直接作用,而且对崇祯二年勤王兵变,也有直接影响。

崇祯七年,农民起义如火如荼,各地亟需军队围剿,兵部飞调延绥、甘肃、固原、宁夏诸镇援师。固原调出三千名,宁夏调出二千名④,固原、宁夏两镇的驻军,也调往别处镇压农民起义。杨鹤总督陕西围剿农民起义期间,尤世禄以宁夏大捷之功,朝廷晋杨鹤兵部尚书、太子少保。贺虎臣以宁夏"破贼功",追加太子少傅⑤。崇祯十二年五月,固原、临洮、宁夏三镇总兵左光先、曹变蛟、马科仍有随洪承畴"入卫"的经历⑥。可见,当时农民起义、蒙古草原民族的南下、后金的军事进攻等,朝廷已疲于应付。

---

①《明史·地理一》,中华书局,1987年。
②计六奇:《明季北略》上册,中华书局,2010年,第109页。
③计六奇:《明季北略》上册,中华书局,2010年,第151页。
④《明清史料》甲编(上),第71页,北京图书馆出版社,2008年。
⑤《明史》卷二百六十,《杨鹤》,中华书局,1987年。
⑥《明史》卷二百六十,《杨鹤》,中华书局,1987年。

二、崇祯九年宁夏镇城兵变

"饥军哗变"

崇祯八年(1635),陕西境内出现大灾荒,"残破已极,灾荒异常"①。参加起义军的人数到二百万人以上②。这种背景,使得崇祯九年西北地区的形势更为严峻,军队因缺饷而哗变的事件时有所闻,"饥军哗逃,报无虚日"③。崇祯九年(1636)的宁夏兵变,同样因缺饷而哗变。

崇祯九年(1636)初,李自成率起义军在固原一带周旋。二月,陕西三边总督洪承畴率官军二万人拼命追剿李自成。李自成、满天星(张大受,满天星为其号)部八九万人由陕西澄城经韩城、宜川、洛川、延安、环县、庆阳到了固原。由于洪承畴穷追不舍,李自成不能在固原久留,准备向西进攻兰州。此时,洪承畴檄调总兵左光先和甘肃总兵柳绍宗部,在干盐池(宁夏海原县)合击李自成起义军,起义军受到重创。

正是在这个节骨眼上,二月初十日,宁夏巡抚王楫被部下兵变所杀。时任陕西副使的丁启睿追捕并斩杀巡抚王楫的"首恶者六人,军中大定"④。宁夏明军士卒由于长期缺饷,发生兵变,巡抚王楫被杀。三边总督洪承畴感到一省长吏被杀,事态严重,亲自赶到宁夏固原去处理善后。杨嗣昌死后,丁启睿加兵部尚书,代杨嗣昌督陕西、湖广、河南、四川、山西及江南诸军,兼督陕西三边军务。丁启睿虽然参与平息了宁夏兵变,但兵变中一部分兵丁参加了农民起义军。李自成、满天星等部"势复振"⑤,可能与官军兵变并参与起义队伍有关。"由于他们受过正规的军事训练,对于提高农民军的作战能力起了一定作用。"⑥明代万历以后,国家财政入不敷出,拖欠军饷越来载严重,长至二年、三年,甚至五六年的军饷都拖欠着⑦;再加上官吏的克扣,士卒能领到的饷银就更少。连年的灾荒与陡涨的粮价,生活陷一绝

---

①卢象升:《与蒋泽垒先生》,《卢忠肃公集》卷十一。
②顾诚:《明末农民战争史》,光明日报出版社,2012 年,第 80 页。
③《明清史料》乙编,第九本,北京图书馆出版社,2008 年,874 页。
④《明史》卷二百六十,《丁启睿》,中华书局,1987 年,第 6740 页。
⑤吴伟业:《绥寇纪略》,《怀陵流寇始终录》卷九。
⑥顾诚:《明末农民战争史》,光明日报出版社 2012 年,第 20 页。
⑦《崇祯长编》卷一。

境。宁夏边军依赖着黄河平原，饥卒长期缺饷而哗变，可见问题的严重。此次军队哗变杀宁夏巡抚，影响很大，等于从外围解救了李自成部在干盐池的围。宁夏军队哗变后，李自成、满天星等部调头趁机进攻陕北榆林、绥德一带，成为一个新的发展的里程碑。

兵变的深层影响

无论固原兵变，还是宁夏兵变，兵变的过程和结果都会给明朝统治者带来重大影响，给明末农民起义以无可估量的作用。"流寇始于秦之溃兵"①，古人已经看到了兵变的影响力。

首先，固原兵变在客观上打乱了明军的战略布防，并牵制了明军的调遣，更为重要的是吸引明军调转枪口，为刚刚起义的农民军提供了一个再组织和喘息之机会。大规模的农民起义爆发于崇祯元年十一月，如陕西府谷王嘉胤等；而固原兵变则发生于同年十二月。在固原兵变之前，已有崇祯元年七月的辽东宁远兵变，十月的锦州兵变，但就明末农民起义与固原兵变这一相邻的两处地域关系来看，宁远、锦州兵变在产生的直接作用和影响方面是不能同固原兵变相提并论的。固原在当时为西北边备的总指挥地所在，又同延绥相邻，而明末农民起义又源起于陕北，在地域上有互相连带关系。固原兵变之后，反攻泾阳、富平、三原等地，对陕北已经起事的王嘉胤及正在酝酿的起义者无疑是一个声援和有力地支持。《明史纪事本末》卷七十五载："崇祯二年四月，固原贼犯耀州（今陕西耀县）"②，就是固原兵变之余部。该部连遭明朝督粮参政洪承畴部官兵万余人之围剿，突围后走淳化（今陕西淳化）。崇祯三年六月，明兵部给事中刘懋曾上言："秦之流贼，非自他省，即延庆之兵丁土贼也。……至近年荒旱频仍，愚民影附，流劫泾、原、富、耀之间，贼势始大。"③"固原贼犯耀州"实际上是固原兵变之余部。由此可见，固原兵变的规模及其影响是不小的。因为洪承畴合兵万余人也未能将他们覆灭。这样，就牵制和迫使明军先对付兵变。明末农民起义之所以能声东击西，并很快发展壮大起来，是与固原兵变有直接关系的。

其次，固原兵变虽然时间较短，但在兵变过程中相当一部分人加入了农民起

①《崇祯长编》卷一。
②③《明史纪事本末》卷七十五，《中原群盗》。

义军行列。否则,史料记载不会说他们尽入"贼党"。参加固原兵变的士卒,大都比较精干,且素质尚好。"秦地山高土厚,其民多臂力,好勇敢斗。"(计六奇《明季北略》卷四《钱文俊激变》)"西兵皆沿边劲卒"①,即延绥、固原、宁夏、甘肃边兵,皆西陲劲旅,他们熟悉地形,装备精良,军事素质较好。固原兵变后参加农民起义的士卒,他们都受过军事训练,有一定作战经验,对于提高起义军的作战能力,起过重要作用。历史上有"关东相,关西将"的说法。明代陕西三边官军比较骠悍,号称"敢战"②。这应该是其中的一个重要原因。

第三,明末的兵变是统治集团危机的一个重要表现。万历以来,军队由于缺饷而哗变的事件已时有所闻。崇祯九年宁夏兵变、巡抚王楫被杀事,《明史》《国榷》卷九十五都有记载,但没有详尽过程。兵变的原因很直接,"饥卒因缺饷而哗变"。军队哗变不但解了李自成部在宁夏海原之困境,而且哗变的兵丁有一部分参加了农民起义。由于他们受过正规的军事训练,对于提高农民军作战能力起了一定的作用。③

(薛正昌,宁夏社会科学院研究员、编审)

---

①《明史纪事本末》卷七十五,《中原群盗》。
②顾诚:《明末农民战争史》,光明日报出版社,2012年,第97页。
③顾诚:《明末农民战争史》,光明日报出版社,2012年,第19页。

明清时期宁夏乡贤祠考论

——以宁夏明清地方志资料为主

王晓华

一、乡贤祠在乡贤文化中的重要地位

乡贤原指在道德、能力方面获得本土乡人广泛认可的社会精英人士。所谓仕于其地而惠泽于民者谓之名宦;生于其地而德业、学行著于世者谓之乡贤。在古代社会,乡贤作为基层政权的主要支持者和维护者,对于维护社会伦理道德、倡导社会风尚起到了极大的作用。乡贤之所以成为基层社会的栋梁,与他们有着强烈的社会责任感,服务桑梓的使命感,以及敢为人先的创业感有很大关联,他们的品格得到当地乡人的认可,是基层道德文化的典范和榜样,是凝聚乡里乡亲、维系社会秩序稳定,铸造社会伦理道德体系的标杆。

乡贤的重要作用催生出中国独有的乡贤文化。这种乡贤文化的核心就是以儒家思想为治国齐家理念。乡贤文化是一个地域历代明贤积淀下来的榜样文化、先进文化,是一个地域有激励作用的思想、信仰、价值的一个文化表现形式。它是扎根故乡的本土文化,乡贤文化以其强大的社会生命力、团体凝聚力,集体认同力,来贬恶扬善、树立道德典范,建立社会核心价值观,引领崇德、向善、思贤的良好风尚。其作用力深入、持久、深远。乡贤文化植根乡土,贴近性强,蕴涵着见贤思齐、崇德向善的力量,以乡情、乡愁为纽带,吸引和凝聚各界人士,用其学识专长、创业经验反哺桑梓。

乡贤祠顾名思义,是祭祀地方乡贤的祠堂建筑场所。其历史十分悠久。祭礼乡贤最早可追溯到东汉末年,汉献帝时期,孔融首创了祭祀乡贤的形式,"孔融为北海相,郡人甄士然,临孝存知名早卒,融恨不及之,乃命配食县社。"①刘知己《史通·杂述》"郡书赤矜其乡贤,美其邦族。",可见乡贤祭祀早已有之。明清沿袭历代祭祀乡贤活动,"明清时期,凡有品学为地方所推重者,死后由大吏题请,祀于其乡,入乡贤祠,春秋致祭。"②所以,乡贤祠在乡贤文化中具有举足轻重的重要地位,是乡贤文化最直观、最具体的表现形式。乡贤在地方社会中有着较高的地位和声誉,加之他们大多是地方官,泽被百姓,造福一方,备受本乡本土人们的崇拜,用他们生前的品德和事迹教育同乡人,比起空洞的说教效果会更好。同乡百姓和士人以乡贤为楷模,见贤思齐,使更多的人成为乡贤,这对统一人们的思想和行为,并将人们的行为自觉纳入管理者所期望的轨道起到某种程度的作用,还有助于整合地方力量,巩固地方政权,维持地方秩序,促进地方经济文化发展等作用。

乡贤祠所祀人物:一是乡贤祠所在地的人;一是仕宦其地、德行著闻的人,当地人民对这些人物的生平事迹非常熟悉,"一乡之贤,里刊相接,封畛相连,而其人之德行、风节、文学、事功、遗风余烈洽于所见所闻者,至亲且切,有不待旁求远访而后知也。"③乡贤的事迹为当地人所熟悉,更容易接受和学习,教化作用更加显著。乡贤祠的祭祀是励志做清官、勤官的催化剂,统治者治理国家的重要任务就是肃清吏治,只有管理好官员,才能令官员更好地管理社会。乡贤祠的祭祀就是统治者激励他们为官以德、居乡以德所采取的一项措施。所以,乡贤祠在古代乡贤文化中有着不可替代的重要地位。

二、明清时期宁夏乡贤的概念延伸

中国古代社会所谓的乡贤,一般是指生于其地而德业、学行著于世者,也就是说,只有籍贯在宁夏本地才能称为乡贤,而这些乡贤在封建社会,多为地方官吏,普通绅民很难被列为乡贤。这就使得乡贤的范围十分狭窄。而在明清时期,有很多在宁夏为官者,其功绩为宁夏人民所认可,甚至被建生祠和专祠予以表彰。这样的优秀人物,不论是本籍人士,还是外籍人士,都应该被列为乡贤。其次,明清时期有

①范晔:《后汉书》,中华书局。2263页。
②《辞源》,商务印书馆,1980年,3215页。
③〔明〕徐一夔《始丰稿》卷22·乡贤祠记,台湾:文渊阁四库全书影印本,第1229册,248页。

很多普通民众,尽管有很突出的功绩,可是却不能称为乡贤,只能称为"义民",被放在忠孝祠或节义祠中祭祀,这是封建等级制度的表现,也是不可取的。还有很多被称为"贞烈"的普通妇女,其身上那种吃苦耐劳,孝顺公婆、抚养幼子、洁身自好等优秀品德,被称颂不已。这些普通百姓和家庭妇女,只要品行优异、有突出孝行,或为国捐躯,都应该被称为乡贤。

三、明清时期宁夏乡贤祠的类型分析

乡贤祠是祭祀当地品德高尚、风节著闻,文章显著、政绩卓著者的祠堂,乡贤祠祭祀的人物受旌表的规格高低有差别,祭祀人物的身份和祭祀的目的也千差万别,所以明清时期的乡贤祠可分为不同的等级和类型,大致可分为英烈祠、生祠、专祠、庙学乡贤祠(包括名宦祠、忠孝祠、节义祠)等。历史上的名宦祠、乡贤祠、忠孝祠、节义祠等,实际上都是乡贤祠的分支和细化,都应该被列入乡贤祠的门类之中。

(一)英烈祠

明清时期对为国死难的忠臣义士的表彰极为重视,对死难国事者"爵赠公侯,血食俎豆,侑享太庙,恤录子孙,所以褒历精忠,激扬义烈,意至远也。"[1]对这些封建王朝大力褒扬的"英烈"人物,最高的奖励莫过于朝廷下旨,在当地为他们建祠祀之,这无疑是至高无上的精神奖励。因此,英烈祠是最高层次的乡贤祠。明清时期,宁夏战乱频仍,大的战乱有明正德年间朱寘鐇叛乱、明万历哱拜、刘东旸壬辰兵变以及清同治年间马化龙领导的回民起义等。在历次战乱中,死难的当地士民、军队将领和普通士兵不计其数,为了慰藉亡魂,表彰忠烈,鼓励士民忠君效命,中央政府和当地官民纷纷建祠祀之。当然,从某种意义上来看,死于清同治年间回民起义的当地官员、军队官兵只能称为封建王朝的爪牙,他们不能单纯地划为"英烈",也不能称之为"乡贤",但从封建统治者建祠祭祀的目的来看,是可以将其列为英烈乡贤祠的,当然这种英烈只能算是镇压回民起义的帮凶。

明代的英烈乡贤祠主要有:宁夏镇城忠烈祠:"在新城南,正德五年巡抚安公

---

①《明史》卷二百八十九,列传,忠义一,4951 页。

惟学,总兵姜汉死于寘鐇之乱。嘉靖三十六年建祠祀之,万历壬辰兵变毁。四十年重建。"①"显忠祠,万历二十年奉旨建立,以祀兵变被害官生军民。贞烈祠,万历二十年奉旨建立,以祀兵变烈女,俱在马营。清代俱废。忠节祠,在堂信堡,万历二十年奉旨建,祀本堡被害忠节。"②褒节祠:为庆宪王妃方氏而建,方氏死于壬辰宁夏兵变,"建祠赐额曰褒节,树坊曰宗烈,春秋命有司致祭。"③

清代的英烈乡贤祠主要是为死于同治回民起义的官员、将领和士兵所建。

宁夏府城内有侯公祠,"在南门内。清宁夏道侯登云于同治年间回贼陷城,死之。奉旨专祀。"④吕公祠,"在七真观前。清宁夏府知府吕际韶于同治年回贼陷城,一家三十余口同时殉难。葬七真观前,今银川舞台后。奉旨专祀。旁有张烈女冢,传系幕友女之殉难者。"⑤

灵州城内有刘忠壮公祠,在城北街,同治九年湘军统领刘松山由灵州进攻金积阵亡。谥忠壮。奉旨专祀。中路拔有香火田二百七十六亩八分三厘。吴东乡拔有忠勇坟田一百二十一亩五分七厘。又城内南街市铺房二院,后街房院二所,南街典业房屋一院。⑥刘襄勤公祠,在忠壮祠西。忠壮犹子也。同治九年接统湘军。克复金积,肃清关内外。擢新疆巡抚,晋太子太保,一等男爵,谥襄勤,奉旨专祀。⑦"三忠祠,在城东街,祀清同治年间殉难之知州讷穆额栋,尹泗钟兰。"⑧"简勇节公祠,在厅城内东南面,有碑记。详艺文。"祀楚军提督简敬临,字绍雍。⑨

宁灵厅建有皖蜀昭忠祠,在厅城内西南面,有碑记,详艺文。⑩由蜀军统领雷正绾、黄鼎,皖军统领金运昌奉旨合建,以祀蜀皖官弁死于马化隆之乱者。⑪

---

①《万历朔方新志》,卷三,坛祠,539 页。
②《万历朔方新志》,卷三,坛祠,540 页。
③《万历朔方新志》,卷二,藩封,186 页。
④《民国朔方道志》,卷五,269 页。
⑤《民国朔方道志》,卷五,269 页。
⑥《民国朔方道志》,卷五,277 页。
⑦《民国朔方道志》,卷五,277 页。
⑧《民国朔方道志》,卷五,277 页。
⑨《民国朔方道志》,卷五,277 页。
⑩〔光绪〕《宁灵厅志草》,祠祀第十,410 页。
⑪《民国朔方道志》,卷五,278 页。

中卫县建有表忠塔，"在县北。蜀军统领黄鼎建。祠同治年提督梁生岳军战没于胜金关之役者。"①

（二）生祠

生祠是中国古代为纪念某人功德而在其生前建立的祠庙，明清时期的生祠主要奉祀府州县地方官、抚按、督学御史、总兵官以及宦官等，其中以地方官员为主。地方官员为官一方，如有功德，施惠于民，百姓为了报恩崇德，遂建祠以示不忘恩德。这些生祠属于地方公祠，一般由地方共建，属于民间行为，符合儒家"以死勤事，以劳定国，能御大灾捍大患则祀之"的祭祀礼义。明清时期，建生祠成为表彰地方官员政绩的民间最高"奖赏"，成为一种社会风尚，以致遍地开花，甚至成为朝廷权贵沽名钓誉的产物，如明天启朝魏忠贤专权，"忠贤之气焰日炽日昌，而附忠贤之精神亦日新月异。有显而附之者，建生祠是也。"②可见生祠在明清时期备受朝野重视，其政治地位仅次于敕修英烈祠。

明代宁夏的生祠主要有两处，明代宁夏镇城"生祠二，一在游击宅东，祀太监张公永，一在南薰门外，祀咸宁侯仇公钺。"③仇钺："宁夏前卫指挥理之子，累进爵咸宁侯，善射，力透重铠，尤长于督兵。虏贼知名，以黑脸太师称之。正德五年夏，都指挥何锦等谋为不轨，钺用计平之。于时，不扰兵戈，不劳馈饷，惠及一镇。功冠一时，夏人立生祠祀之。巡抚都御史冯公诗以表之，勒诸学宫。"④其中又以仇钺的生祠建的最多，仇钺"后平河南流贼，马迹所至，势如破竹。人悉被惠。立生祠者十余处。由是海内无不闻。"⑤全国境内为仇钺所建的生祠居然为十余处，可见其功绩之伟。咸宁侯生祠和张公生祠在宁夏壬辰兵变中被毁，"万历四十一年，官给木料重建"⑥清代废。

清代宁夏生祠主要有三处，宁夏北部川区为兴修水利有突出贡献的官员所

①《民国朔方道志》，卷五，273页。

②《明史》，北京，中华书局，卷305，《阉党》

③《弘治宁夏新志》，卷一，宁夏总镇·祠庙，106页。

④《弘治宁夏新志》，卷二，人物·宦迹，166页。

⑤《弘治宁夏新志》，卷二，人物·宦迹，166页。

⑥《万历朔方新志》，卷三，坛祠，539页。

建,一为广武堡王公祠,一为鸣沙州钮公祠。①王祯,辽东人,顺治十年任,在水利方面有突出政绩,乡民为其立生祠。②中卫县还为造福地方百姓的官员自发建祠纪念,如宁夏道钮廷彩建有祠祀,钮公祠位于"鸣沙州东五里红柳沟",③位于金龙王寺旁。钮廷彩因根治山洪水患,修红柳沟环洞石槽,而为中卫人民纪念,"民怀其德,立碑纪绩。并建生祠,塑像以祀之"④。南部固原地区建有一处,即孟公生祠,根据《孟公两世生祠碑》载:"按碑刊于顺治八年,绅民公建,在东岳山顶。三原王太保铎撰文。其略云:孟公国用,字筱府,前明官都督,仁惠廉明,旧有生祠在城南。孟公乔芳,字心亭,官三边总督,安民除暴,威德兼施。歼贺逆,靖回氛,尤著伟绩,民思建祠。而总制为都督裔,因合祠崇祀于东山,号曰:'两世生祠'。"⑤

(三)专祠

明清时期,宁夏将星璀璨,人才济济,频繁的战争使宁夏(包括南部固原地区)涌现出大量军事将领,这些军事将领在顺治、康熙、雍正诸朝都有卓越的历史贡献。几乎整个清代,宁夏和固原都是朝廷的兵源基地。[乾隆]《宁夏府志》记载道:本地"圣祖时以武节奋功名、秉旌钺者,一郡常数十人。甲第连甍,金貂累叶,往往以宫室车服相竞,习俗侈靡,有由然矣!"当时宁夏文人写诗赞道:"银川自昔以武竞,开国以来称绝盛。豹韬虎符各起家,烟阁云台多著姓。"⑥康熙也曾对宁夏地区强悍的民风赞叹不已,"若夫秦风健勇,自昔为然。其在朔方,尤胜他郡。"要求宁夏将士"各厉精锐,以效干城御侮之用,斯国家有厚赖焉。"⑦宁夏南部固原州,在清初属甘肃平凉府管辖,亦是清朝重要的兵源地。"查固原武功之盛,为陇东之冠。从国初至今,以行伍历显秩者甚夥。"⑧固原地区"自前明迄今数百年来,……地方人才武功

①《朔方广武志》,卷上,宦迹志,233页。
②《朔方广武志》,庙宇寺观庵祠,王公祠。
③[清]黄恩锡纂修:[乾隆]《中卫县志》卷二《建置考·祠祀》,负有强、李习文:《宁夏旧方志集成》卷八,181页。
④陈明猷点校:《乾隆宁夏府志》卷十二《职官·宦迹》,宁夏人民出版社,1992年,419页。
⑤《宣统固原州志》,卷八,艺文志,碑碣,481页。
⑥王宋云诗《银川书院落成》,载[乾隆]《宁夏府志》卷二一《艺文志》。
⑦吴忠礼等著:《清实录宁夏资料辑录》(上),80页。
⑧王学伊总纂:[宣统]《新修固原直隶州志》卷七《人物志》。

发达,而文学蹇滞也。"①由于大批军事将领的涌现,使得这些著名将领去世后,地方士民纷纷建专祠以祀之。

明代宁夏专祠主要有:

宁夏镇城有"功德祠五,一在前仓南,祀巡抚鉴川王公,一在谯楼地基,为巡抚梓山黄公,一在南薰圈城东向,为巡抚念山罗公,今废。一在王公祠东,祀巡抚小林杨公。一在城隍庙前,为总兵馥亭萧公。"②清代废。黄公祠,"在米粮市西,祀明巡抚黄嘉善。",据《朔方道志》载,民国初年尚存。汪公祠,"在汉、唐两坝,祀明河西道汪文辉。"③另宁夏府城亦建,汪公祠,"在府署东,祠明汪文辉。"④灵州有"三贤祠,在州内,祀总督杨一清、王琼、河西道张九德。今皆废。"⑤宁夏南部固原地区在明代的专祠有忠勇祠,"县北,正德中为浦江令齐公建",⑥"齐敏字克鲁,为浦江县主簿,高阳土贼作乱,敏帅兵讨之,战殁。赠浦江县知县,立祠表曰忠勇,荫其孙恩入监。"⑦

清代宁夏府城的专祠有:勇略将军祠⑧,在府城东南,宁静寺西侧。"三忠祠,在城东,祀马世龙子献图、呈图、负图。"王公祠,"在府署东,祀国朝监收同知王全臣。士民公建。"左公祠,"在骡马市。祀清谥文襄,陕甘总督左宗棠。"⑨金公祠,"在地藏庵北巷,祀谥忠介清将军金顺。"⑩中卫县的专祠有高公祠,"为前任西路同知高士铎建,在东关外。"王公祠,"在广武堡,祀游击王正,本名正通。志以避讳,易今字。""时忽河水大涨,溢堤,身为捍卫。毁花园砖石立运河堤,叠加坝埂,捍卫城垣,兵民为建祠祀焉。每年春秋二季致祭。"⑪

---

①王学伊总纂:〔宣统〕《新修固原直隶州志》之《图说》。
②《万历朔方新志》,卷三,坛祠,539 页。
③陈明猷点校:《乾隆宁夏府志》卷六《建置·坛庙》,宁夏人民出版社,1992 年,184 页。
④民国朔方道志,卷五,271 页。
⑤嘉庆灵州志迹卷六《坛庙坊市桥梁津渡名胜志》,75 页。
⑥《康熙隆德县志》,卷上,坛祠,73 页。
⑦《康熙隆德县志》,卷下,人物,135 页。
⑧陈明猷点校:《乾隆宁夏府志》卷首《府城图》,宁夏人民出版社,1992 年,
⑨《民国朔方道志》,卷五,269 页。
⑩《民国朔方道志》,卷五,269 页。
⑪〔清〕黄恩锡纂修:〔乾隆〕《中卫县志》卷二《建置考·祠祀》,负有强、李习文:《宁夏旧方志集成》卷八,182 页。

（四）庙学祠

庙学乡贤祠因其多建于当地文庙或学宫中，故称。又因其多将地方名宦、乡贤合并祭祀，又可称为合祀乡贤祠。明清时期儒学和孔庙相结合，称为庙学，庙学的祭祀空间也得到不断拓展，将乡贤祠、名宦祠、忠孝祠、节义祠等乡贤祭祀场所移至当地文庙内，并加以全面制度化和普遍化。自明代中期起，乡贤祠陆续迁入文庙，有的地方政府也把学宫设在文庙内，突显乡贤祠在教化中的作用。明清时期宁夏的名贤祠多建在文庙或学宫内，能更好地便突出乡贤祠的教化功能。用乡贤祠的直观接触，来使士人和百姓们见贤思齐，促成百姓见士人靠拢，士人见乡贤靠拢，以乡贤为榜样，有助于地方社会风气的养成。

真正把名宦、乡贤祀典在庙学内制度化，始于明代，清人对此颇为称赞，清代名儒毛奇龄曰：明代庙学"较前代之建置无常格者最为周悉，于是哲配递降，由廊庑以外特设名宦、乡贤二祠于宫门左右。"康熙吏部尚书宋荦亦曰："前明之制，凡郡县乡贤乡名宦，各附祀于学宫，守令岁以春秋二仲率官属行礼，礼典綦重矣。"①明代宁夏的名宦乡贤祭祀，一般都是将名宦和乡贤合并祭祀，称为"名贤祠"。如宁夏镇城"名贤祠，弘治庚申都御史王珣、按察司佥事李端澄建于大成殿之后，以国朝以来名宦乡贤罗汝敬等合祀焉。"②"遗爱祠"在永通桥西，即名贤祠，鉴川王公改题今名。祠国朝抚夏之有惠政者。③壬辰兵变毁，万历二十九年重修。清代废。灵州"名贤祠"由灵州绅民共同集资建，正德庚辰三月建，是岁八月竣工。④可见明代宁夏乡贤祠多继承旧制，采用"同堂合祀"的方式，祭祀名宦、乡贤。

随着乡贤祭祀的规范化，到了清代，庙学乡贤祠的祭祀已经相当规范了，并且将乡贤祭祀细化为名宦祠、乡贤祠、忠孝祠、节义祠等类。例如清代学宫，乾隆三年大地震后重建，在府城北，除祭祀孔子等儒家先贤外，亦建有名宦祠和乡贤祠。"名宦祠三间，在戟门左，乡贤祠三间，在戟门右。每岁支领祭祀银四十五两。"学宫东

①毛奇龄：《西河集》卷66《五贤崇祀乡贤祠记》；宋荦《西陂类稿》卷29《与邵子昆学使论乡贤名宦从祀书》，《四库全书》本。
②《弘治宁夏新志》，卷一，宁夏总镇·祠庙，106页。
③《万历朔方新志》，卷三，坛祠，538页。
④《嘉靖宁夏新志》，卷三，灵州守御千户所，26页。

的讲堂,是明代揆文书院遗址,"忠孝祠在其东,节义祠在其西。各三间。"①,据民国《朔方道志》载,此四祠民国初年尚存。除宁夏府城外,灵州、中卫县、固原直隶州等地亦然。灵州学宫内,"名宦祠三间。乡贤祠三间。"②"忠孝祠,在城东南。节义祠,在城东南。"③清代中卫县的名宦乡贤祠建于文庙大成殿内,大成殿"东西庑暨名宦乡贤祠。"又"于名宦祠左添建忠义祠四楹"④"名宦祠在戟门东,乡贤祠在戟门西,忠义祠在名宦祠左。"⑤除了名宦祠、乡贤祠、忠义祠外,中卫县还建有节孝祠,用来祭祀贞洁烈妇、孝子,义民等。中卫节孝祠"在城西南隅,旧祠卑湿倾圮。乾隆二十六年知县黄恩锡改建于通衢,文庙右侧。"⑥平罗学宫,亦于"乾隆三年地震毁,六年动帑重建。"内有"名宦、乡贤祠各三间,在戟门左、右。忠孝祠在学宫东。节义祠在学宫内。"⑦清代固原直隶州乡贤祠建于文庙内,"第一级中建牌坊、泮池,左右以忠孝、节烈祠翼之。第二级中建棂星门,左右以名宦、乡贤祠翼之。"宁灵厅"名宦祠,在学宫内,乡贤祠,在学宫内。"⑧由上可知,明中期以前宁夏的名贤祠建在文庙后面,以便突出乡贤祠的教化功能。用乡贤祠的直观接触,来使士人和百姓们见贤思齐,促成百姓见士人靠拢,士人见乡贤靠拢,以乡贤为榜样,有助于地方社会风气的养成。

明代宁夏乡贤祠一览表

名称	所在位置	祭祀人物
名贤祠	文庙内	祀明代宁夏巡抚罗汝敬等
遗爱祠(即原名贤祠)	永通桥西	祀明代巡抚督储有惠政者

①陈明猷点校:《乾隆宁夏府志》卷六《建置·学校》,宁夏人民出版社,1992年,167页。
②《嘉庆灵州志迹》,卷五《公署学校志》,66页。
③《嘉庆灵州志迹》,卷六《坛庙坊市桥梁津渡名胜志》,72页。
④[清]黄恩锡纂修:[乾隆]《中卫县志》卷二,《建置考·祠祀》,负有强、李习文:《宁夏旧方志集成》卷八,170页。
⑤[清]黄恩锡纂修:[乾隆]《中卫县志》卷二,《建置考·祠祀》,负有强、李习文:《宁夏旧方志集成》卷八,175页。
⑥[清]黄恩锡纂修:[乾隆]《中卫县志》卷二,《建置考·祠祀》,负有强、李习文:《宁夏旧方志集成》,卷八,176页。
⑦陈明猷点校:《乾隆宁夏府志》卷六《建置·学校》,宁夏人民出版社,1992年,176页。
⑧《民国朔方道志》,卷五,278页。

续表

名称	所在位置	祭祀人物
宁夏镇城 忠烈祠	新城南	寘鐇之乱死难之巡抚安惟学,总兵官姜汉
北祠	北关	本镇官死于敌者皆祀之
旗纛庙	新谯楼西	祀镇守劳绩于地方者
咸宁侯生祠	南薰门外	祀平定寘鐇之乱有功之游击将军仇钺
张公生祠	游击宅东	祀平定刘瑾叛乱有功的太监张永
王公功德祠	前仓南	祀宁夏巡抚王鉴川
黄公功德祠	谯楼地基	祀宁夏巡抚黄梓山
罗公功德祠	南薰圈城东	祀宁夏巡抚罗念山
杨公功德祠	王公祠东	祀宁夏巡抚杨小林
萧公功德祠	城隍庙前	祀宁夏总兵萧如薰
显忠祠	马营	祀壬辰宁夏兵变被害官民
贞烈祠	马营	祀壬辰宁夏兵变被害烈女
忠节祠	常信堡	祀本堡被害忠节
褒节祠 (清改名方妃祠)	宁夏县学前	祀庆宪王妃方氏等
汪公祠(两处)	一在宁夏府署东、 一在汉、唐两坝	祀明河西道汪文辉
黄公祠	义学旁	祀明宁夏巡抚黄嘉善
灵州 名贤祠	灵州学宫内	祀明代灵州地方官员
三贤祠	在州内	祀总督杨一清、王琼、河西道张九德
固原州 制府专祠	在府右	
名宦祠	南门外	
少傅李公祠		祀万历三边总督李汶
宁夏州 宋忠烈侯刘公沪祠	水洛城北隅	祀宋代筑水洛城之忠烈侯刘沪
三将军祠	静宁州息肩亭	祀宋抗金名将吴玠、吴璘、刘錡
忠勇祠	隆德县北	正德年为浦江尹齐敏立
韩魏公祠	县北山	

清代宁夏乡贤祠一览表

	名称	所在位置	祭祀人物
宁夏府城	名宦祠	宁夏学宫戟门左	
	乡贤祠	宁夏学宫戟门右	
	忠孝祠	宁夏学宫讲堂东	
	节义祠	宁夏学宫讲堂西	
	三忠祠	城东	祀马世龙子献图、呈图、负图。
	勇略将军祠	府城东南,宁静寺西	祀勇略将军赵良栋
	王公祠	府署东	祀同知王全臣
	左公祠	骡马市	祀陕甘总督左宗棠
	金公祠	地藏庵北巷	祀谥忠介清将军金顺
	侯公祠	南门内	祀同治年被回军杀死之宁夏道侯登云
	吕公祠	七真观前	祀同治年被回军杀死之宁夏知府吕际韶
灵州	名宦祠	学宫内	
	乡贤祠	学宫内	
	忠孝祠	城东南	
	节义祠	城东南	
	三忠祠	城东街	祀清同治灵州知州讷穆额栋、尹泗钟兰
	刘忠壮公祠	城北街	祀湘军统领刘松山
	刘襄勤公祠	在忠壮祠西	祀湘军统领、刘松山之侄刘锦棠
	张壮勤公祠	在城西街	祀甘肃提督、武卫军翼长张俊
平罗县	名宦祠	平罗学宫戟门左	祀明平虏参将萧如薰
	乡贤祠	平罗学宫戟门右	祀明河南彰德府推官夏景华
	忠孝祠 (昭忠祠)	学宫东,道光二十三年知县张梯移建城隍庙内	
	节义祠	学宫内	
忠卫县	名宦祠	文庙戟门东	
	乡贤祠	文庙戟门西	
	忠义祠	文庙名宦祠左	
	节孝祠	城西南隅,后移文庙右侧	
	钮公祠	鸣沙州东红柳沟	祀宁夏道钮廷彩
	高公祠	东关外	祀西路同知高士铎

续表

名称	所在位置	祭祀人物
王公祠	广武堡	祀顺治游击王祯
青铜君祠	广武堡	祀康熙湖广提督俞益谟
表忠塔	县北	祀同治朝提督梁生岳军战没于胜金关者
名宦祠	学宫内	
乡贤祠	学宫内	
刘忠壮公祠	厅城内南面	祀湘军统领刘松山
简勇节公祠	厅城内东南面	祀楚军提督简敬临
皖蜀昭忠祠	厅城内西南面	祀蜀皖官弁死于同治回民起事者
名宦祠	文庙棂星门左	
乡贤祠	文庙棂星门右	
忠孝祠	文庙泮池左	
节烈祠	文庙泮池右	
熊公祠（昭忠祠）	州城王字街	祀同治攻固原死难副将熊观国等
孟公生祠（两世生祠）	东岳山铁绳岭	祀明三边总督孟国用、孟乔芳
三忠祠	和尚铺	祀南宋名将吴璘、吴玠、刘锜
昭忠祠	海城县内	
忠义祠	平远县城南门根	
节孝祠	平远县城南门根	

注:以上资料由明、清、民国时期宁夏旧志整理而成。

四、明清宁夏乡贤祠的重要社会功用

1.明清宁夏乡贤祠普及化程度很高,具有强烈的崇德报功、教化民众的积极作用。

建造乡贤祠是古代最高统治者为倡导封建礼教、维系统治地位而采取的一种表彰措施,为道德优秀的人建祠堂、树匾额、立碑石、造牌坊等,通过这些物化标志,以及爵号、名号等荣誉称号,对名宦乡贤进行彰显和标榜,其目的十分明确,就是为了美化社会风俗,教化普通民众,引领社会风尚。明清时期宁夏境内乡贤祠种

类繁多,大小不一,但这些乡贤祠无一例外地折射出古代中国社会的思想道德观念和社会道德精神,积极弘扬忠、孝、节、义、仁、廉、勤等中国传统道德,对维系古代中国社会传统道德价值观念,弘扬社会正气,树立道德典范等方面做出了突出贡献。明清时期的乡贤祠遍布城乡,普通化程度非常高,得到了中央政府的高度重视,在乡贤文化中占有特殊而重要的地位。通过乡贤祠,可以将将中央政府的舆论教化贯彻到基层民间乡里,以控制整个社会的思想导向。所以,乡贤祠从一开始出现,就具有强烈的崇德报功、教化民众的积极作用。

2.明清宁夏乡贤祠在提倡廉洁从政、肃清地方吏治方面具有不可代替的历史作用。

明清时期宁夏乡贤祠的祭祀是鼓励地方官吏廉洁从政的催化剂,统治者治理国家的重要任务就是肃清吏治,只有管理好官员,才能令官员更好地管理社会。乡贤祠的祭祀就是统治者激励他们为官以德、居乡以德所采取的一项措施。同时,向地方官吏灌输廉洁从政的理念,鼓励他们为官一任,造福一方,封爵荫子、荣耀乡里。乡贤祠所祀人物:一是乡贤祠所在地的人;一是德行著闻的人,当地人民对这些人物的生平事迹非常熟悉,"一乡之贤,里刊相接,封畛相连,而其人之德行、风节、文学、事功、遗风余烈洽于所见所闻者,至亲且切,有不待旁求远访而后知也。"①乡贤的事迹为当地人所熟悉,在地方社会中有着较高的地位和声誉,加之他们大多是地方官,泽被百姓,造福一方,备受本乡本土人们的崇拜,用他们生前的品德和事迹教育同乡人,比起空洞的说教效果会更好。比如:嘉靖年间宁夏镇城准备重建乡贤祠,宁夏士大夫与宁夏学官聂昂、刘保义,生员熊秀等,商议取在宁夏仕官且有政绩者入祠祀之。遂"建祠城南,立像以系观,叙事以表绩,意严礼备,名当实宣矣。"其目的就是为了对官员、士子起到一定的教化作用。"方来诸君子观是祠所祀,勃然与怀而求所以久安长治之福。"②同乡百姓和士人以乡贤为楷模,见贤思齐,使更多的人成为乡贤,这对统一人们的思想和行为,并将人们的行为自觉纳入管理者所期望的轨道起到某种程度的作用,还有助于整合地方力量,巩固地方政权,维持地方秩序,促进地方经济文化发展等作用。

①〔明〕徐一夔《始丰稿》卷 22,乡贤祠记,台湾:文渊阁四库全书影印本,第 1229 册,248 页。
②《嘉靖宁夏新志》,446 页。

　　3.明清宁夏乡贤祠具有鲜明的地域特色,客观地反映出明清时期宁夏社会经济、军事、文化等方面的实际情况。

　　明清时期,宁夏地处西北边陲,其军事地位十分重要,宁夏"背名山而面洪流,左河津而右重塞","左距丰胜,右带兰会,黄河绕其东,贺兰背其西。西北以山为固,东南以河为险。"①,具有重要的战略价值。所以宁夏在明代九边重镇有其二,分别为宁夏镇和固原镇。所以军事地域特色十分鲜明。清代的宁夏,将星璀璨,人才辈出。特别是清朝初年,频繁的战争使宁夏(包括南部固原地区)涌现出大量军事将领,这些军事将领在顺治、康熙、雍正诸朝都有卓越的历史贡献。几乎整个清代,宁夏和固原都是朝廷的兵源基地。[乾隆]《宁夏府志》记载道:本地"圣祖时以武节奋功名、秉旄钺者,一郡常数十人。甲第连甍,金貂累叶,往往以宫室车服相竞,习俗侈靡,有由然矣!"当时宁夏文人写诗赞道:"银川自昔以武竞,开国以来称绝盛。豹韬虎符各起家,烟阁云台多著姓。"②康熙也曾对宁夏地区强悍的民风赞叹不已,"若夫秦风健勇,自昔为然。其在朔方,尤胜他郡。"要求宁夏将士"各厉精锐,以效干城御侮之用,斯国家有厚赖焉。"③宁夏南部固原州,在清初属甘肃平凉府管辖,亦是清朝重要的兵源地。"查固原武功之盛,为陇东之冠。从国初至今,以行伍历显秩者甚夥。"④固原地区"自前明迄今数百年来,……地方人才武功发达,而文学塞滞也。"⑤在这种局面下,明清时期宁夏的乡贤祠祭祀的绝大多数是带兵打仗的将领。如仇钺、赵良栋、俞益谟等,体现出浓厚的军事特色。

　　除了军事特色外,为宁夏经济做出突出功绩的官员也被作为重要乡贤建祠纪念。明清时期宁夏水利建设关系地区经济命脉,被修祠祭祀的水利官员明代有河西道张九德,清代有宁夏道钮廷彩、西路同知王祯。分别为广武堡王公祠和鸣沙州钮公祠。王祯,辽东人,顺治十年任,在水利方面有突出政绩,乡民为其立生祠。⑥钮

---

①《嘉靖宁夏新志》,272 页。
②王宋云诗:《银川书院落成》,载[乾隆]《宁夏府志》卷二一《艺文志》。
③吴忠礼等著:《清实录宁夏资料辑录》(上),80 页。
④王学伊总纂:[宣统]《新修固原直隶州志》卷七《人物志》。
⑤王学伊总纂:[宣统]《新修固原直隶州志》之《图说》。
⑥朔方广武志,庙宇寺观庵祠,王公祠。

公祠位于"鸣沙州东五里红柳沟"①,位于金龙王寺旁。钮廷彩因根治山洪水患,修红柳沟环洞石槽,而为中卫人民纪念,"民怀其德,立碑纪绩。并建生祠,塑像以祀之"②。从这些被建祠祭祀的乡贤可以看出,宁夏在明清时期的鲜明地域文化特色。

4.宁夏籍乡贤人物不仅为宁夏当地的社会政治、经济、文化做出了贡献,而且在仕宦地也颇多政绩卓著者,由当地人立祠祀之。

明清时期宁夏人才辈出,多有仕宦在外者,其政绩卓越者也很多。这些官员或为当地社会稳定做出贡献,或清廉勤政,或为当地百姓谋福利,是宁夏籍官员的杰出代表人物。当地人民为了纪念他们,就在当地立祠祀之,甚至为他们建造生祠,其褒奖规格非常高。如明正德年间平定朱寘鐇之乱立为奇功的宁夏游击将军仇钺,不仅被宁夏当地百姓立生祠,甚至被贵州等地的百姓立生祠十余处祀之,其功勋可见一斑。仇钺:"宁夏前卫指挥理之子,累进爵咸宁侯,善射,力透重铠,尤长于督兵。虏贼知名,以黑脸太师称之。正德五年夏,都指挥何锦等谋为不轨,钺用计平之。于时,不扰兵戈,不劳馈饷,惠及一镇。功冠一时,夏人立生祠祀之。巡抚都御史冯公诗以表之,勒诸学宫,后平河南流贼,马迹所至,势如破竹。人悉被惠。立生祠者十余处。由是海内无不闻。"③除仇钺外,清代亦有宁夏籍官吏因政绩卓著而被立祠纪念的。例如:清初顺治年间中卫籍海宁知县郝良桐,"顺治间拔贡,授江西宁都县丞。以捍城功,升授浙江定海县知县。有惠政,邑人建祠祀之。"④康熙年间宁夏中营游击师帝宾,因镇守宁夏有功,后"历升襄阳总兵,调凉州总兵。居官绝扣克,杜苞苴,屏声色,介然特立。凉州立祠祀之。"⑤马际伯,马玉长子,累官西宁、建昌总兵官,加左都督,升四川提督。"所历皆有惠政,西宁人立祠祀之。本郡祀名宦。"⑥

除了被仕宦当地百姓立专祠纪念的外,还有不少宁夏籍官员入祀当地名宦

①[清]黄恩锡纂修:[乾隆]《中卫县志》卷二《建置考·祠祀》,贠有强、李习文:《宁夏旧方志集成》卷八,181页。

②陈明猷点校:《乾隆宁夏府志》卷十二《职官·宦迹》,宁夏人民出版社,1992年,419页。

③《弘治宁夏新志》,卷二,人物·宦迹,166页。

④[道光]《续修中卫县志》,卷六,人物,308页。

⑤陈明猷点校:《乾隆宁夏府志》卷十三《人物·乡献》,宁夏人民出版社,1992年,451页。

⑥陈明猷点校:《乾隆宁夏府志》卷十三《人物·乡献》,宁夏人民出版社,1992年,452页。

祠,亦颇荣耀。例如:明万历中卫籍武乡县知县黄元会,不仅入祀中卫乡贤祠,而且入祀武乡县当地名宦祠。①康熙年间宁夏游击将军张国梁,历任湖广襄阳等地总兵,后升云南提督,"祀云南名宦祠。卒谥勤果。"②。

（王晓华，宁夏社会科学院副编审）

---

①〔清〕黄恩锡纂修:[乾隆]《中卫县志》卷六《乡献表·人物》,负有强、李习文:《宁夏旧方志集成》卷八,291页。

②陈明猷点校:《乾隆宁夏府志》卷十三《人物·乡献》,宁夏人民出版社,1992年,454页。

陕甘宁边区盐池县救灾研究

杨 云

　　抗日战争时期,盐池县是陕甘宁革命根据地的西大门和前哨阵地。国民党对边区实施军事封锁、军事蚕食、经济封锁。除了政治影响,自然灾害也不绝于年。在这样的天灾人祸背景下边区政府领导盐池县军民恢复农业、发展经济,保障军粮供给、完成税收任务,为抗战的胜利作出了积极贡献。

一、抗日战争时期盐池县遭受灾害述略

　　依据《中国气象灾害大典》统计,笔者比照《宁夏水旱自然灾害史料》记载,1937~1945 年期间,盐池县多次遭受自然灾害。没有明确记载的年份并不能代表盐池县就是风调雨顺,五谷丰登,即使没有战乱、自然灾害,盐池县仍是贫弱之地。

抗日战争期间盐池县遭受灾害情况表[①]

灾害类型	年份	受灾程度
冰雹	1937 年	田禾被毁,颗粒无收,民大饥。
干旱	1938 年	大旱歉收。
冰雹	1943 年	将半人高的庄稼打成无收成。
干旱	1943 年	酷旱。
霜冻与冻害	1944 年	各种未熟田禾多被冻死,收成仅二三。

　　除了自然灾害的屡次侵袭,盐池县又要遭受土匪一次次的骚扰和抢掠,百姓生活苦不堪言。

---

　　①参见夏普明主编:《中国气象灾害大典·宁夏卷》,气象出版社,2007。

抗日战争期间盐池县遭受匪患情况表①

年份	受灾程度
1937 年	土匪苗甫禄、赵老五、施彦芳等到五区边境(南部山区)抢劫骚扰。
1940 年	土匪马登第、饶瑞昌等 11 人,到盐池县五区五乡骚扰。
1942 年	土匪马登第等到盐池县五区五乡陈家山、张兴庄、西掌一带抢劫。
1943 年	土匪饶端昌等在五区何新庄骚扰。

《盐池县志》记载了 1937 年 11 月这次剿匪的胜利,对于张廷芝、范玉山、薛子茂这些土匪的骚扰并没有过多记录。八路军留守部队动用两千余人剿匪,并且击毙土匪百余人,枪六十余支,可以看出这股土匪的规模之大,对百姓和陕甘宁地方政权骚扰之深。

面对人口稀少、水源缺乏、靠天吃饭等现状,陕甘宁边区政府因地制宜开展了一系列救灾措施,有灾后赈济也有防御措施。

二、灾后赈救

1. 设立粮仓。1937 年 12 月,盐池县成立征收公粮委员会,并分别在城内、高家圈、曾家畔、雷记淘、牛家寨子等地设立各区粮食仓库。《民国盐池县志·仓库》记载"仓一本在本署西,偏库在堂左。"②1911 年 11 月,宁夏哥老会领袖高士秀帅民军打败花马池守备赵玉秀、千总刘怀芝所帅的清军,攻下花马池城。"下马关仓在城内,库在堂左。盐池仓、红寺堡仓、韦州仓、兴武营仓、毛卜喇仓、安定堡仓、铁柱泉仓,均圮废久矣。"③清朝末年,盐池县的粮食仓库在战乱中被毁。宁夏农业欠发达,储粮备荒、防患于未然的预防措施在漫长历史中证明是行之有效的。陕甘宁边区在盐池县设立粮仓,预留储备粮,是毋庸置疑的。这也是抗日战争时期盐池县遭受多次灾害,虽然人民在贫苦线勉强维生,但是没有出现大规模逃荒事件的重要原因。

2. 发放救济款粮。1939 年 4 月 4 日,陕甘宁边区政府公布抗战时期施政纲领。

---

① 参见盐池县志编纂委员会:《盐池县志》,宁夏人民出版社,1986。
② 范宗兴笺证:《盐池旧志笺证》[M],黑龙江人民出版社,2005,第 251 页。
③ 范宗兴笺证:《盐池旧志笺证》[M],黑龙江人民出版社,2005,第 251 页。

其第三部分第 28 条规定："抚恤老弱孤寡，救济难民灾民，不使流连（离）失所。"①其实早在施政纲领颁布之前，陕甘宁边区政府就把救济灾民作为一项重要工作。1937 年盐池县遭受冰雹侵害，1938 年盐池县大旱歉收。陕甘宁边区政府克服救济困难，筹集资金，拨款放赈，救济盐池县人民。"赈济款的发放：一区六百五十八元、二区七百二十元、三区七百五十八元、四区六百五十元、五区五百三十元……县赈委会放了一百多元，放款前统计登记灾难民并到群众中进行调查，根据灾难民户数人口与劳动力分为三等，一等抗工属与群众残废，放款八元左右；二等是无法维持生活的灾难民，款数以五元左右为原则；三等灾难民看起来还可以，放款三元左右。有些干部本身生活实际有困难，经赈委会研究这些干部救济了一部分，款数最多六元少者二元……"②在救济款的发放中，陕甘宁边区政府也有计划、有组织，真正将救济款发放到灾难民手中。放赈前进行统计，按照地区受灾程度不同，各区发放款项略有区别。并且对受灾群众进行调查统计，按照受灾群众的成分和情况，发放款项，使百姓真正得到救济，得到实惠，渡过难关、度过灾荒。

1937 年盐池县接连受到土匪骚扰。针对饱受土匪蹂躏的百姓，边区政府也采取了救济措施。"去年陕甘宁省府内务部拨来定边救济洋一千七百元，盐池县二千元，主要的是以一千七百元确实救济被张廷芝匪抢劫蹂躏的群众。"③

在天灾人祸面前，陕甘宁边区政府克服困难、压缩开支，筹措款粮对盐池县百姓给予救济。"三区群众说边区政府真好，他们的生活那样艰苦，又不向我们要款，反而给我们放赈款。"④这种灾后的救济对于社会稳定和重建具有重要的作用，使灾民有信心进行家园重建。为了盐池县的发展，陕甘宁边区政府开展了一系列行之有效的灾害预防措施，增加边区人民抵御灾害的能力。这种造血式的扶贫意义深远，盐池县经济的恢复与发展也得益于此。

①陕西省档案馆、陕西省社会科学院合编.《陕甘宁边区政府文件选编》(第一辑)[M].档案出版社,1986,第 211 页。

②宁夏地方志编审委员会编.《全民抗战与宁夏》(上)[K].宁夏人民出版社,2005,第 124–125 页。

③宁夏地方志编审委员会编.《全民抗战与宁夏》(上)[K].宁夏人民出版社,2005,第 142–143 页。

④宁夏地方志编审委员会编.《全民抗战与宁夏》(上)[K].宁夏人民出版社,2005,第 124–125 页。

三、灾害预防措施

防患于未然的积极预防措施，在经济基础薄弱的边区尤其行之有效。针对盐池县的社会现状，陕甘宁边区政府因地制宜开展了一系列积极的灾害预防措施。除了传统意义上的发展农业生产，而且因为盐池县的农业条件较差，通过发展经济、手工业等反哺农业。

1. 发展农业

（1）重视春耕。盐池县处于西北地区，盐池县的主要农作物有"黍、稷、麦、荞麦、莜麦、燕麦、粟、玉蜀黍、豌豆、蚕豆、黑豆、番谷、葫（胡）麻"[①]，基本都属于一年生草本植物，生长期短，耐寒耐旱耐贫瘠。这些作物基本都是春天耕种夏秋收获。在这种情况下，保障春耕对农业的意义巨大。在传统的农业耕作形式下，保障春耕必须要保障籽种和劳力。陕甘宁边区政府对春耕十分重视。"赈济款的发放：留下五百元作为明年春耕时买籽种之用"。[②]在 1937 年、1938 年两年遭受自然灾害的情况下，边区政府在赈济的过程中，也要保障春耕籽种，为下一年的生产做准备。

（2）保障秋收。陕甘宁边区政府在盐池县积极发扬党组织的力量，成立秋收委员会，作为指导秋收，负责秋收的组织机关。并且在秋收委员会中选择工作负责、积极的群众参加："各区乡普遍将夏耕委员会转变为秋收委员会，转变中洗刷了不负责的、吸收积极的群众参加。现在全县秋禾收倒拉上了场。"[③]在秋收中，组织群众结成变工队互相帮助，帮助抗属收获秋粮，真正做到颗粒归藏，将有限的人力物力组织起来，收获粮食。

（3）开垦荒地。盐池县地广人稀、荒地较多、人民贫困。"（盐池县）边荒地广，一邑可分数邑；民贫而少，数邑可并一邑。"[④]1945 年国民政府行政院工作报告，开垦绥远、宁夏荒地，"宁夏拟办面积四百万亩，勘测地区和面积：同心、盐池区，旱地，一

---

①范宗兴笺证：《盐池旧志笺证》[M].黑龙江人民出版社，2005，第396-397页。

②宁夏地方志编审委员会编：《全民抗战与宁夏》（上）[K]，宁夏人民出版社，2005，第124页。

③宁夏地方志编审委员会编：《全民抗战与宁夏》（上）[K]，宁夏人民出版社，2005，第124-125页。

④范宗兴笺证：《盐池旧志笺证》[M]，黑龙江人民出版社，2005，第231页。

○○万亩。"①

合理利用荒地，增加农田数量，进而达到农业增收，也成为当时陕甘宁边区积极抵御灾荒的一项措施。1938年11月16日盐池县十月份各项工作情形报告称："现在全县秋禾收倒拉上了场，还未打，只有一区全数打完，总收获量二百六十四石（各种杂粮在内），与该区人口比较每人平均粮食不满一斗。秋收开荒全县共三千二百二十垧（二、三区未在内）。秋收中给抗工属代耕；五区秋收十九个人工，开荒地十五垧；四区秋收三十个人工，开荒六十垧；城区帮助抗工属收秋七十二垧地，三区代收四十垧，二区不清。②说明第一盐池县粮食产量很低，秋禾全部颗粒归仓，每人平均粮食尚且不足一斗。第二当时的盐池县在结束秋收后，协调人工，积极开荒。

根据《中共宁夏党史档案资料选编》，当时的记者海燕的采访记录，盐池县的开荒种地进行颇有成效。"开荒种地工作，同样开展在'黄色海浪'的沙原上。种地1938年15273亩，1939年163919亩，1940年202307亩；开荒1938年44480亩，1939年22450亩，1940年54280亩。使贫苦者有地可耕，增加了不少的产量，至于政府帮助解决农具耕力、籽种等，则是经常的事情。"③盐池县1938~1940年，三年时间内，共开垦荒地121210亩。这个数字在当时也是非常惊人的。在盐池县开荒势头迅猛的情况下，1940年12月，盐池县召开扩大干部会议，讨论1941年盐池县经济建设计划，决定开荒6万亩，达到粮食自给自足。

盐池县的地理土壤、水利灌溉等等一系列条件决定了盐池县并不是特别适合农业发展的地区。这种粗放式的农业经营模式并不是最适合盐池县农业发展的。但是在当时的条件下，积极开荒种地在短期内能一定程度上解决粮食短缺的问题，尤其在抗日战争时期，这种开荒种地增加农业产出也是值得肯定的。

2. 发展经济

（1）运盐增收。盐池县有其独特的自然资源——盐，盐业是盐池县经济的重要

① 胡迅雷、孙国标编：《国民政府公报——宁夏省资料汇编》[M]，内部资料，1984，第179-180页。

② 宁夏地方志编审委员会编：《全民抗战与宁夏》（上）[K]，宁夏人民出版社，2005，第124-125页。

③ 宁夏地方志编审委员会编：《全民抗战与宁夏》（上）[K]，宁夏人民出版社，2005，第365页。

支柱,边区政府积极发掘盐池县的地理优势,组织军民运盐增收。1937 年 8 月,中央国民经济部向全边区发出《大家到盐池驮盐去》的通知:"现在盐池已打下数万驮盐,各级国民经济部及合作社应速发动广大群众及社员前去驮运以发展边区经济。改善群众生活"。①到盐池驮盐已经成为全边区的重要工作,中央国民经济部对驮盐给予了充分重视。将盐运到其他地区换取工业品,或者销售取得收益使群众增收,也使边区政府增收。

盐池县的盐湖、盐海众多,以前打盐受到政府垄断,"民国 3 年,甘肃成立花定榷运局,为时不久,又成立花定收税局,实行由比利时人操控的盐务稽核制度设'洋税官',一直到民国 16 年 4 月收回外人稽核权,将收税局与榷运局合并,改为花定盐运使公署。宁夏建省后,成立宁夏榷运局。民国 24 年,设立西北盐务总局。"②民国 6 年,每盐百斤,收洋 2 元,民国 15 年,增加"户食捐",民国 24 年,因军政各费不敷支用增加盐协款。民国 31 年,实行盐专卖制度。后增加战时附加税。③盐池民众除了要受政府层层税收压榨,还要受到盐商的盘剥,辛苦所得所剩无几。为了使百姓有利可图。边区政府采取一系列措施鼓励百姓打盐、运盐。"实行对外统销,扩大公私股金,团结公私力量,根除封建剥削以改进业务。稳定盐价发展食盐运输,设立转运站,解决沿途草料的供给与草料价格。"④在政府保障打盐、运盐的形势下,盐池县的民众运盐事业轰轰烈烈发展起来。"位置在这儿的苟池、菠羅池、莲花池、烂泥池等盐海,已经成为广大人民的生产场。无论党政军民,都可以自由打盐,自由运盐,并得到政府的特别保护,据我(记者海燕)得到的材料,以今年(1940 年)与 1938 年来做比较,盐田人数、产量均加数倍,而产盐则由坝子打盐发展到海面打盐与海底挖盐了。"⑤

《盐池县志·大事记》记载,1943 年 4 月 19 日《解放日报》报道:盐池回民用骆驼 149 峰参加运盐,分为两队,县府发给护照及旗子。已运三次,赚钱甚多,故欲参

①宁夏地方志编审委员会编:《全民抗战与宁夏》(下)[K],宁夏人民出版社,2005,第 13 页。

②宁夏财政志编纂委员会编:《宁夏财政志》[Z],中国城市出版社,1993,第 494 页。

③宁夏财政志编纂委员会编:《宁夏财政志》[Z],中国城市出版社,1993,第 72—73 页。

④宁夏地方志编审委员会编:《全民抗战与宁夏》(下)[K],宁夏人民出版社,2005,第 43 页。

⑤宁夏地方志编审委员会编:《全民抗战与宁夏》(上)[K],宁夏人民出版社,2005,第 365 页。

加者异常踊跃。盐池县的民众运盐热情被真正调动起来了,百姓增收,边区政府增收,为抗日战争胜利集聚了力量,更为百姓抵抗自然灾害增加了能力。

(2)建立合作社。1936年盐池解放后,打土豪、分田地,建立互助组、合作社成为盐池县发展经济的重要措施。当时去陕甘宁边区政府盐池县的一些媒体记者,也对盐池县的合作社进行了一定的关注,并且对盐池县的合作社发展情况,给工人带来的便利和利益进行了详细的报道,这些新闻报道成了我们了解当时盐池县合作社盛况的珍贵资料。《新中华报》记者邓有民的报道,1938年"百分之八十以上的工人,都已经生活在自己所组织的各种合作社的周围了。"①据记者海燕报道,1940年"组织人民经济,现有县联社领导着五个区合作社,拥有2198名社员。"②盐池县的合作社遍布盐池县管辖的五个区,分布于农业、盐业、甘草贩卖、毛纺织业等主要经济行业。民众切实从合作社得到了实惠,合作社发展势头迅猛。

合作社使广大的人民群众团结起来,利用盐池县的自然资源,比如盐、甘草等,摆脱了本地盐商、药庄的控制,将劳动生产品运输到外地销售,获得更好的经济效益,人民生活得到相当的改善。

(3)创办纺织训练班。盐池县除了产盐,盐池县的畜牧业发展也值得一书。畜牧业的发展也催生了毡纺业的发展。然而都是传统的手工作坊式,没有规模生产。"盐池县全县共有毡坊二十一家(元华工厂除外),工人六十二名。"③

1940年12月,盐池县召开扩大干部会议,讨论1941年盐池县经济建设计划,扩大畜牧,增加羊8万只;设立一毛纺厂;由县政府开办纺织训练班,动员二千妇女参加纺毛运动。"1941年5月,盐池唯一工厂元华工厂开工,边区政府投资5万元,民股7万元,系按每投500元招收,提由边区参议员兼盐池副议长靳体元先生任厂长,织绒毡、毛毡、毛口袋等物。工人由最初的2人增至20多人。纺毛多由城乡妇女担任。自开工到年底产栽绒毯百余外,毛毡600余条,毡鞋千余霜,毡帽千余顶,毛口袋500余条,盈利40余万。创造之初,即亲自发动各家妇女纺毛。"④

---

①宁夏地方志编审委员会编:《全民抗战与宁夏》(上)[K],宁夏人民出版社,2005,第361页。

②宁夏地方志编审委员会编:《全民抗战与宁夏》(上)[K],宁夏人民出版社,2005,第365页。

③宁夏地方志编审委员会编:《全民抗战与宁夏》(下)[K],宁夏人民出版社,2005,第65页。

④宁夏地方志编审委员会编:《全民抗战与宁夏》(下)[K],宁夏人民出版社,2005,第371页。

除了元华工厂组织工人进行纺织，盐池县大量的纺织业则是家庭自纺自织。开展纺织对盐池妇女来说是一场革命，也是一次大解放。不仅是对"自己动手，丰衣足食"战时政策的响应，也是提高妇女地位和收入的一场运动。为了鼓励群众纺织，解决实际困难，盐池县区乡政府采取贷款、先支工钱后纺织等措施，调动妇女纺织的积极性。"1943年全县学会纺织的有2236人（男685人），其中妇女占绝大多数，自制纺车1262架（脚踏纺车86架），织布机20多架。"①

3.改良风气

（1）禁绝烟毒

陕甘宁边区政府成立后，结合实际颁布《陕甘宁边区政府禁烟毒条例》从法律上对禁毒进行了规定。后来边区政府又结合实际，制定了一系列禁绝鸦片的法令。1942年陕甘宁边区政府颁发《陕甘宁边区查获鸦片毒品暂行办法》，1943年初的《陕甘宁边区政府关于查禁鸦片烟苗的命令》、1943年的《陕甘宁边区政府为禁止吸毒事给专员公署县（市）政府的指示信》等。从法律层面对种植鸦片、走私鸦片、吸食鸦片等等进行了一系列禁止规定。盐池县政府不仅在法律履行上严格遵守陕甘宁边区政府的这一系列法令法规。而且在实际的工作中，对吸食鸦片进行了更为实际的控制和禁绝。

在赈济款的发放上，对吸大烟者不予考虑。对因吸大烟致贫的不予同情，甚至发现有吸大烟的得到救济款也追回。吸大烟者不能领到救济款。"一、四、五区放款后发现有吸大烟的，得到后又追回。"②

在戒烟运动中充分动员群众，使人民群众认识到鸦片的危害，已经吸食鸦片可耻。"群众自动起来斗争对吸大烟和家庭还可维持的就将款收回另发给无法维持生活的人民。"③

（2）解放妇女

1936年，盐池县建立了妇女组织——妇女联合会（简称妇联），并配备了妇女干部。"妇联主任先后有陈某某（长征女干部）、蒋彦芳（副主任）等，妇女专干先后

---

① 宁夏地方志编审委员会编：《全民抗战与宁夏》（下）[K]，宁夏人民出版社，2005，第451页。
② 宁夏地方志编审委员会编：《全民抗战与宁夏》（上）[K]，宁夏人民出版社，2005，第125页。
③ 宁夏地方志编审委员会编：《全民抗战与宁夏》（上）[K]，宁夏人民出版社，2005，第124页。

有张银香、赵月亮、王玉兰等。"①妇联成立后,在宣传动员妇女参加社会活动、提倡男女平等、倡导婚姻自由、鼓励妇女努力生产等方面发挥了积极的作用。1937年妇女组织改名为妇女救国会,在抗日战争时期,妇女救国会是抗敌后援会的主要力量。妇女开始走出家门,走向了政治舞台,在1941年乡议员的选举中,有23名妇女当选为议员。这些妇女不再是围着锅台转的三寸金莲,而是用纺轮织着支援抗日前线的新时代女性。

1939年8月1日,陕甘宁边区政府公布《陕甘宁边区禁止妇女缠足条例》,女子的天足受到了边区法令的保护,裹脚布桎梏妇女的日子一去不返。妇女不仅在社会权益、家庭地位、社会地位等方面的地位得到了提到,而且妇女也开始受到文化教育,传统社会的女子无才便是德的社会习俗也得到了改变。"盐池城内有一个店员夜校(人数一百九十六名)并白天附设妇女半日学校(参加人数十六名),还可以进行识字,并有认会四十至五十个或七十至八十个字的不少。"②抗日战争时期,陕甘宁边区的妇女地位得到了极大的提高,这也鼓励了妇女投身社会生产的信心和参与社会活动的勇气。妇女用纺轮、用田间的生产等等表达了巾帼不让须眉的革命热情。

（3）发展文教

传统中国社会读书为仕途,学而优则仕。束脩的高昂只能使寻常百姓家望私塾之门兴叹,这也成为中国社会文盲众多的原因之一。

"1938年初,盐池县解放区共有小学7处,学生116名,设甲班1,乙班2,丙班4。共有教员8人,其中中学程度4人,高小程度4人。"③从以上数据中可以看出盐池县人民受教育程度之低、学生人数之少,盐池县的教育发展状况非常之低。

抗日战争时期,陕甘宁边区重视教育发展,实行普及教育政策。"四区原有学校两处俱开学,五区两处,城区两处又扩大一处,二区原有两处新扩大一处,三区原有两处新扩大一处,共十三处。……给他们的教材是抗日常识。识字组全县共有

①池县志编委会:《盐池县志》,宁夏人民出版社,1986,第298页
②宁夏地方志编审委员会编:《全民抗战与宁夏》(上)[K],宁夏人民出版社,2005,第142-143页。
③盐池县志编委会:《盐池县志》,宁夏人民出版社,1986,第419页。

一百零八组,一区四十八组、二区三十五组、三区十六组、四区十四组、五区三组。"①基本做到每区都有学校,而且使用自己的新课本,学习抗日常识。"1942 年,有公办和民办小学 9 处,在校学生 170 多人。"②除了学校教育,边区政府还增加了社会教育、识字教育。"到 1938 年底,盐池县社会教育有夜校 1 处,学生 12 人;识字组 197 个,1447 人。"③

四、盐池县抗灾救灾的成功经验

抗日战争时期,盐池县并非风调雨顺,然而在边区政府的领导下民众安居乐业,经济稳定持续的发展,为抗日战争的胜利起了积极的支持作用。笔者认为有以下几方面的成功经验。

1. 边区政府的高度重视

边区政府对恢复经济、发展经济特别重视,无论是创立粮仓,组织赈济都是由边区政府组织,在灾后的恢复发展中有条不紊,以边区全民之力投入恢复发展。而且一旦边区遇灾,边区政府的应急反应灵敏、采取措施迅速,所以边区屡次遇到天灾人祸,但是不至于因灾致荒。虽然当时的边区政府财政并不宽裕,但是正是边区政府的这种积极态度,使得盐池县持续稳定发展。

不仅在灾后重建中,边区政府高度重视,而且在灾害预防、恢复经济发展中边区政府更是不遗余力,全力推动经济发展。正是边区政府的这种高度重视和积极反应,为民服务的社会遵旨,才使得抗日战争时期盐池县成为抗日的大后方,为抗日战争胜利捐粮筹款,为抗日战争胜利踊跃参军,为抗日战争胜利作出应有的贡献。

2. 边区政府全民动员,互助团结的组织协调

陕甘宁边区政府在发展经济中充分发挥各方面的力量,真正做到全民总动员。无论是组织各种类型的合作社、还是对抗工属的帮扶中,都真正做到了全民动员,也基于此在 1940 年征收抗日公粮中,才能超出计划多收到粮食 157.11 石,在

---

① 宁夏地方志编审委员会编:《全民抗战与宁夏》(上)[K],宁夏人民出版社,2005,第 124–125 页。

② 盐池县志编委会:《盐池县志》,宁夏人民出版社,1986,第 419 页。

③ 盐池县志编委会:《盐池县志》,宁夏人民出版社,1986,第 419 页。

原订征收 1 万元抗日救国捐的征收过程中,有小字号如双盛昌、近仁里在热情自顾下捐出 3 元。出钱者共 40 家,捐洋 10570 元,超出计划 570 元。[1]在对抗工属中劳力不足的,也是尽量予以帮扶,组成变工队。而且根据抗工属的实际条件,让他们力所能及地从事生产。机关部队更是积极从事大生产运动、出城背柴、与人民共甘苦、和群众一同打盐一同运盐等。

3. 边区政府的舆论宣传

边区政府非常注重舆论宣传,让群众明白自己所作所为的意义。不仅在抗日物资的征收中,在抗灾救灾发展经济中同样重视舆论宣传。在 1938 年 11 月 16 日《呈盐池县十月份各项工作情形报告》中救济款的发放中就提到"各区召集群众会议详细解释,说明赈济是林主席向中央请求的。"[2]面对粮荒更是张贴朗朗上口的布告,禁止粮食出禁和浪费。在运盐增收的浪潮中,更是将宣传工作做到前面。"各地党与政府、军队,应将运销食盐对边区人民生活的好处,对于巩固和提高边区的关系,加以广泛宣传和解释。"[3]边区政府在灾后赈济、灾前预防、发展生产、发展经济中无不积极发挥舆论的作用。使群众遇到灾害不惊慌、抵御灾害有信心、发展经济有目标。

陕甘宁边区政府在盐池县的救灾在当时的历史条件下无疑是成功的,边区政府带领民众在抗日战争中开展积极的抵御灾害措施,不仅稳固了抗战的大后方,而且为抗战的胜利捐款捐粮、踊跃参军等。然而在当时的历史条件下,陕甘宁边区政府的救灾措施也存在许多瑕疵,比如救济的不平衡性,救济水平的低下等等,这些都是由当时的社会条件决定的。瑕不掩瑜,时至今日,边区政府在盐池县救灾抗灾的有些措施仍然值得我们去学习。

基金项目:国家社科基金西部项目《近代宁夏地区的自然灾害与救济研究》(14XZS024)

(杨云,宁夏社会科学院副编审)

---

[1]宁夏地方志编审委员会编:《全民抗战与宁夏》(上)[K],宁夏人民出版社,2005,第 144—146 页。

[2]宁夏地方志编审委员会编:《全民抗战与宁夏》(上)[K],宁夏人民出版社,2005,第 124 页。

[3]宁夏地方志编审委员会编:《全民抗战与宁夏》(上)[K],宁夏人民出版社,2005,第 168 页。

明清时期宁夏河渠的开发与管理初探

霍丽娜

20世纪末至本世纪初,就宁夏经济社会的发展程度而论,水资源的开发利用,宁夏河渠能否发挥最有利的功能,仍将是一个严峻的制约因素。所以我们应当注重和借鉴历史上宁夏河渠的发展。本文以明清志书中有关宁夏河渠之记载为基础,注视的重点不在笼统评述,而在于地域河渠发展程度的具体探求。

一、明代宁夏河渠之面貌及灌溉状况

河套宁夏诸卫,秦汉以降,河渠历代增修,《史记》卷三十《平准书》载:朔方亦穿渠,作者数万人。可见当时即通渠置田,宁夏得河水溉田之利,其来久矣,是有史可据的。至明时宁夏河渠已初步形成网络。宣德间罗汝敬提督甘肃、宁夏,曾上书云:"黄河自昆仑入中国数万里,为害于大梁,独创于宁夏。"[1]当时所称为利,最重要者为汉延渠、唐来渠。嘉靖《宁夏新志》就此写道:"汉延渠、唐来渠,拓跋氏据西夏已有此二渠,资其富强。迄元世祖至元元年,藁城人董文用为西夏中兴等路行省郎中,始复开汉延、唐来、秦家等渠,垦水田授民。寻以浑都海兵乱,渠复淤塞。张文谦荐邢台人郭守敬为河渠提举,因旧谋新,更立闸堰,渠复通,夏人利之,逮今两坝桥梁,尚遗其制,工作甚精。洪武立宁夏卫。因之。"[2]

汉渠自峡口之东凿引河流,绕城东逶迤而北,余波仍入于河,延袤二百五十里。其支流陡口大小三百六十九处。[3]

---

①嘉靖《宁夏新志》,宁夏人民出版社,1982年版,第64页。
②③嘉靖《宁夏新志》,宁夏人民出版社,1982年版,第20页。

唐渠自汉渠口之西凿引河流,绕城西逶迤而北,余波亦入于河,延袤四百里,其支流陡口大小八百八处。①

这些,都说明宁夏地方当局对水利的重视。明代宁夏总镇,除汉、唐二渠外,重要渠道尚有:

铁(贴)渠位在城南,水流与唐渠同口异闸;

新渠唐来支流,位在城南,绕东北流;

红花渠唐渠支流,绕城南门、东门而流;

良田渠唐渠之支,位在城西,北流;

满答剌渠唐渠之支,位在城西北,转流东北;

五道渠汉渠之支,位在城东,东流;

东南小渠引红花渠,飞槽跨壕入旧城内;

西南小渠引唐渠,飞槽跨壕入新城西南;

西北小渠引唐来渠,飞槽跨壕入新城西北。②

汉伯渠自黄河开闸口,长 95 里,洪武初浚立,灌田 730 余顷;

秦家渠自黄河开闸口,长 75 里,时灌田 900 余顷,里、仁、李、大、中,皆其支渠;

金积渠在州西南金积山口,汉伯渠之上。弘治十三年,都御史王珣奏浚。长一百二十里。③

蜘蛛渠古渠名,在黄河西,长 58 里,灌田 300 余顷;

石空渠位在黄河西,长 73 里,灌田 170 余顷。弘治元年,参将韩正又加以修浚,不仅可灌田,还可防蒙口骑兵,以口狭腹阔,俗称"缸子渠";

白渠黄河西。长 42 里,溉田 170 顷;

枣园渠黄河西。长 35 里,溉田 90 余顷;

中渠黄河西。长 36 里,溉田 120 余顷;

羚羊角渠黄河东。长 48 里,溉田 40 余顷;

---

① 嘉靖《宁夏新志》,宁夏人民出版社,1982 年版,第 20 页。
② 嘉靖《宁夏新志》,宁夏人民出版社,1982 年版,第 21 页。
③ 嘉靖《宁夏新志》,宁夏人民出版社,1982 年版,第 187~180 页。

七里渠黄河东。长 43 里,溉田 210 余顷;

贴渠黄河东。长 48 里,溉田 220 余顷;

羚羊店渠黄河东。长 45 里,溉田 260 余顷;

夹河渠黄河西。长 27 里,溉田 140 余顷;

柳青渠黄河东。长 35 里,溉田 284 余顷;

胜水渠黄河东。长 85 里,溉田 150 余顷。①

从以上所列各渠,我们可以初步了解到明时宁夏已经河渠纵横、水网交错,农垦以得河渠之利。

二、明代宁夏河渠的修浚与管理

唐徕渠隆庆、万历以后仍在继续完善。《宁夏采访册》称:"明宁夏道汪文辉者于宁朔之唐坝堡地方距渠口二十里,建石闸一座,正闸外建退水闸四座,曰安澜、曰涯畅、曰宁安、曰关边"②另有滚水坝一道,通身桥十二道,这些措施都使汉、唐二渠在明后期仍发挥着重要作用。

宁夏灵州水利至天启时亦逐渐毁废。其地农业所赖之秦家渠,"故有堤,土薪间筑,旋筑旋废","堤溃水暴,泄不能灌",屡岁不收。时汉伯渠泄水处久淤,余水无入河处,膏腴之田,尽成巨浸。天启初按察副使张九德受事灵州,首治秦渠,"相度鸠工,躬为激督。"③筑长堤"四百余丈,高厚坚致,画如长虹,水无壅滞泛滥,顿成有年",时称"张公堤"。为解决秦渠之泄水问题,"以治堤之余,为开芦洞长十三丈五尺,高广各三丈五尺,自秦渠北岸至洼桥,疏渠道三十里,泄水入河,得故田数百顷,增税额数千石,"费金仅 56 两。灵州在黄河东岸,其西南世受黄河激流冲刷,每年夏秋水涨,灵城即有冲毁之险,自洪武至天启间,灵州城曾被迫三迁。天启初,河水距城仅数十步,原城外十余里田土尽为河没,每年防河役夫至三千余人,柴薪十

---

①嘉靖《宁夏新志》,宁夏人民出版社,1982 年版,第 221~222 页。

②转引自王致中,魏丽英著《明清西北社会经济史研究》,三秦出版社,1989 年版,第 136 页。

③《嘉庆灵州志迹》,宁夏人民出版社,1996 年版,第 208~210 页。

万束,钱千金,"群议汹汹,以徙民徙城为长策。"①,张九德不愧是继郭守敬以后值得称道的水利专家,他指出以积薪委土与黄河激流争锋是以往失败的根源,拟定了以石堤逼水归故道的办法。自天启三年(1623年)正月开坝施工,至天启五年(1625年)四月,灵州军民费时二年半,于城南10里处修筑石堤。初筑时论者认为河底尽流沙,不可能筑成石堤;而初筑确实沙流石溃,群议为非。张九德命以船百艘,从峡口运石,集中投石镇流,"一日尽八百艘",三日基固,"于是从南隅实地,始垒石为堤,长四十丈,用遏水冲,继以次迤西而北,其垒石亦如之,计堤长六千余丈"。结果"功甫成而河西徙复由故道,视先所受啮地,淤为河滩,可耕可艺,去城亦十数里矣。"②张九德去职后,州人为立去思碑,奉入三贤祠,与杨一清、王琼同为夏人敬仰。

再有宁夏中卫的蜘蛛渠和七星渠在明代也投入了大量的人力、物力进行了治理。蜘蛛渠万历时渠口高淤,水不能上,有渠与无渠同。万历四十一年(1562年)毛鹏巡抚宁夏,命有司调兵士3000人,于旧渠口西6里许处开新渠口,并开新渠7里入旧渠,渠成水涌,长达百余里,改名为"美利渠"③溉田730顷;七星渠嘉靖时长40余里,溉田200余顷,万历末"因荒淤岁久,塍沟圮塞,加以山水自固原奔驰而下,汹涌澎湃,岁为渠患,膏沃之壤,化为蓁芜,徙丁补赋,顿减屯籍之丰。"天启七年(1627年)焦馨巡抚宁夏,议改修是渠。崇祯六年(1633年)春兴工,重凿新水口入水,于旧三空闸旁修浚隙地15里,入故渠道。同时整修旧渠,"散者聚,迅者折,亢者夷,潴者泄",并筑闸、坝、站马桥多处,沿途支渠纵横如织。为防治固原山水为患,另凿阻水石梁两处,又筑防山水堤数百步。是役用军民工役3250余人,"辟荒梗万余顷,咸得耕获。西路父老,欢呼稽额。"④

灵州上述河渠及中卫两渠的修建,距明亡不过十数年,说明至终明之世宁夏始终都未放弃河渠的发展和治理。

综观有明一代,对宁夏河渠甚为重视。明代宁夏注重河渠,有其自己特殊的原

---

① 《嘉庆灵州志迹》,宁夏人民出版社,1996年版,第205页。
② 《嘉庆灵州志迹》,宁夏人民出版社,1996年版,第205~07页。
③ 《乾隆中卫县志校注》,宁夏人民出版社,1998年版,252~254页。
④ 《乾隆中卫县志校注》,宁夏人民出版社,1998年版,第256页。

因。明建立后,蒙古贵族仍然不断袭扰明边。鉴于此,明朝为防御蒙古贵族的南下,便在东起鸭绿江西至嘉峪关的沿长城一线,建立了九个边防重镇。作为九边之一的宁夏,"北临大漠,南挹关秦,东接榆延,西连甘肃"①战略位置十分重要。宁夏若一丢失,则榆林、甘肃失去犄角,关中失去屏障,对内地的安全影响极大,为此明朝一直在宁夏驻扎大量军队。军队的粮食给养和其他开支,若从内地转输,势必造成民苦,国负其重的局面。总结历史经验,明遂采取了大兴屯田的政策,以济军民之需,然而,在"一方之赋,尽出于屯,屯田之恒,籍水以利"②的宁夏地区,河渠不利就不能收到屯田之效,军队的给养就难以保障,边防也就难以巩固。明朝为保证屯田的顺利进行,首先就是要对渠道进行大规模的修治。另外,明代宁夏河渠发展亦是以往历代水利工程发展不断积累的结果。

这里需要指出的是,宁夏各地军民为河渠之修浚付出了巨大的代价。如七星渠及灵州堤用人都超过3000;金积渠在弘治十三年都御史王珣奏修"役夫三万余名,费银六万余两,夫死过半,遍地顽石,大皆十余丈,锤凿不可入,火醋不可裂,急废亡。"③此外,每年春三月宁夏各卫军丁均需动员上渠修治,年年力役,了无尽时,以致潘元凯在《贺兰九歌》中叹道:"汉唐渠水流潇潇,冬则涸兮夏则溢,不知何代兴屯田,千载人劳至今日。"④

明代居于元代和清代之间,自然起了一种承上启下的作用。明代时期的宁夏,结束了多年来的战乱局面,进入了相对稳定的发展时期,河渠的修浚也有了较为持续的发展。通过多次大规模的治理工程,整修了许多旧渠,开凿了一些新渠,形成了一套较为完整的河渠引黄灌溉系统,为明以后宁夏河渠的继续发展,奠定了坚定的基础。

三、清代宁夏河渠的进一步创修

清代康雍之际,宁夏出现了一批新的河渠,其中最主要的是大清、惠农、昌润

---

① 嘉靖《宁夏新志》,宁夏人民出版社,1982 年版,第 49 页。
② 嘉靖《宁夏新志》,宁夏人民出版社,1982 年版,第 49 页。
③ 嘉靖《宁夏府志》,宁夏人民出版社,1982 年版,第 188 页。
④ 嘉靖《宁夏新志》,宁夏人民出版社,1982 年版,第 369 页。

三渠的创开,不仅与唐来,汉延并重,而且促进了原有河渠的功效,从而使宁夏河渠的规模与效益达到了汉唐以来的高峰。

清时宁属各县:宁夏县、宁朔县、平罗县、灵州、中卫县共计实田约在 2.3 万顷上下,上述三渠创修,溉地 7000 余顷,占乾隆后期宁夏府属总耕地几近三分之一。另外,汉唐以来宁夏各古渠,如秦渠、汉延渠、唐来渠、七星渠、美利渠等,有清一代屡经重修、增修,到乾隆中后期,宁夏河渠开发已达到有史以来之最高水平,在黄河开口之各干渠总长达 2161 里,灌溉中卫、宁夏、宁朔、灵州、平罗田近 2 万顷,至清后期,宁夏河渠的利用仍维持在较高的水平,总灌溉面积达 21000 余顷,据乾隆《宁夏府志》、《嘉庆灵州志迹》、《乾隆中卫县志》等志书,清时宁夏河渠及创浚情况如下:

唐徕渠口在宁朔大坝堡青铜峡,经府城西至平罗上宝闸堡入河;长 320 里,陡口 446 道,溉田 5763 分,折地 3457.8 顷。于顺治十五年,雍正九年,乾隆九年、四十二年,宣统元年重修。

汉延渠口在宁朔县陈俊堡二道河,经郡城东而北,至宁夏县王澄堡入河;长 195 里,陡口 471 道;灌田 5690 分,折地 3414 顷;顺治十五年,康熙四十年、五十一年,雍正九年,乾隆四年、四十二年,光绪二十五年重修。

大清渠口在宁朔县堡马关磋,至宋澄堡入唐渠,介汉、唐二渠间行;长 72 里,陡口 129 道;灌田 1096 分,折地 1096 顷;康熙四十七年九月创修,雍正十二年,乾隆四年、四十二年,光绪十三年重修。

惠农渠口在宁夏县叶升堡俞家嘴南,并汉渠而北,至通润桥入河;长 200 里,后增到 262 里,陡口 136 道;灌田 4529 分余,折地 4529 顷;雍正四至七年创修,乾隆五年、四十年、五十一年,嘉庆十年,道光九年,光绪二十七年、三十一年重修,口、尾俱汉。

昌润渠口原在新渠县田州塔南,乾隆三十年改在宁夏县通吉堡开口,至永屏堡入河;长 139 里,陡口 113 道;灌田 1697 分余,折地 1697 顷;雍正四年创修,乾隆三十年、四十二年,嘉庆十七年、二十一年,道光四年重修。

潢渠口在平罗北温家桥,至渠阳堡入河;长 60 里,支渠 7 道;灌田 444 分,折地 444 顷,原为昌润支渠,道光五年又开口温家桥。

秦渠口在灵州青铜峡，至灵州北门外归入漭河；长 120 里，大支渠 12 道；灌田 1107 顷；康熙、光绪间屡修。

汉伯渠口在青铜峡，至灵武胡家堡泄入漭河；长 100 里，大支渠 9 道；灌田 1258 顷；康熙四十五年、五十二年，乾隆三十八年重修。

美利渠口在中卫县西沙坡下玉龙口尾，绕县东北出油渠沟，胜金关入河；长 200 里；灌田 465 顷；康熙三十年、四十年、四十五年，宣统三年重修。

七星渠口在中卫河南安堡泉眠山，东南流至张恩堡入河；长 140 里；灌田 721 顷；康熙间至雍正二十年，乾隆十六年、二十一年，光绪二十四年重修。

贴渠口在中卫南边墙抵处开口，东北流，归油渠沟入河；长 60 里；灌田 231 余 顷；康熙四十五年复修。

北渠口在中卫南镇靖堡河沿开口东北流，经过砖塔寺绕堡东南入河；长 30 里；灌田 118 顷 40 亩；同治五年重修。

新北渠口在中卫县南河沿，东北流经镇罗堡东南抵石家渠入河；长 40 里；灌田 109 顷 50 亩；咸丰六年，同治五年重修。

新渠口在镇罗堡南李家嘴东北流分二渠，尾入河；长 25 里；灌田 60 顷 20。

胜水渠口在石空寺东南得胜墩，向东流，过东南倪家营入河；长 70 里；灌田 200 顷余。

顺水渠口在石空寺西南河沿，东北流，至枣园西北山脚，稍入河；长 15 里；灌田 37 顷 79 亩。

新顺水渠一口在石空寺东南倪家营，东北流至炭窑堡墩，二口在石空寺赵家滩，至朱家台，西稍均入河；二渠共长 70 里；灌田 109 顷；乾隆十五年，光绪三十年重修。

长永渠旧自俞家营河沿入口，乾隆二十三年改枣园于家庄下，稍至炭窟，稍入河；长 25 里；灌田 45 顷；乾隆二十五年重修，光绪三十年被冲圮。

石灰渠起至铁桶碾盘滩，至于广武五塘沟；长 60 里；灌田 123 顷；康熙时重修。

羚羊角渠口在中卫常乐堡西南边墙敞沟，水东流，稍至枣林庄入河；长 28 里；灌田 24 顷；康熙四十四年创修。

羚羊殿渠口在求乐堡西南燕子窝滩,东流,稍入宣和堡渠;长40里;灌田104顷;康熙四十七年,雍正十二年增修,道光十五年,光绪三十三年重修。

羚羊峡渠原与羚羊殿渠一渠使水,康熙十五年自永康堡东北三里许开口,东流,稍入河;长40里;灌田181顷60亩;光绪五年曾开新口,于二百户滩东北,二十二年复旧口。

柳青渠口在中卫安宁堡西泉眼山下,水东流,至堡南恩和堡胡麻滩,稍入河;长40里;灌田298顷;光绪三十二年增修。

通济渠口在中卫张恩堡三道湖东流至高家嘴子入河;长40里;灌田25顷50亩。

硝磺滩渠口在张恩堡西南滩脑,至滩尾入河;长20里;灌田10顷余;乾隆时修。

马滩渠自张恩堡西北滩脑开口,滩尾入河;长15里;灌田80余亩;康熙时修。

从以上我们可以看出在清代志书中记载的河渠共计26条,全长2161里;灌田19866.5顷。

四、清代宁夏河渠的完善与管理

清代对明代河渠在加以利用和完善之上,主要功绩在于创开大清、惠农、昌润三渠。

大清渠创修于康熙四十七年(1708年)秋,为宁夏水利同知王全臣主持。时宁夏三卫及平罗九千余顷土地,主要靠唐、汉两渠灌溉,而且宁夏土地"大半尽属沙碱必得河水乃润,必得浊泥乃沃",郡人视汉、唐两渠为"民命攸关",自不待言。但至迟明末以来,唐渠淤塞过堰,"滨于是废弃,居民虽纷纷借助于汉渠,不过稍分余沥,地之高者,竟屡年荒芜,汉渠亦因以受困"。[①]大清渠的创修,对于改善宁夏平原的水利状况作用重大。陈俊等9堡土地1200余顷地原灌唐渠水;大清渠成,唐渠负担大为减轻。水势过弱的情况立即得到改善。加以王全臣等又于唐渠口修迎水坝入河450余丈,加宽渠口,逼水入渠,而且大清渠尾水又进入唐渠,唐渠进水及

---

①《乾隆宁夏府志》,宁夏人民出版社,1992年版,第266页。

水弱问题遂得到根本解决;水急流大,渠淤问题亦不复为患;加以口内无岸之"地渠",随之亦挑深加坝,不再灌湖后前流,唐水充裕,沿途各堡高地偏枯之病得到根治。随着唐渠的改善,居人不再与汉渠争水,汉渠亦水充田足。历来修渠积弊,王全臣在此次大清渠开筑过程加以治理,史载:"以是宁民踊跃趋事,争先恐后,各渠疏通无阻,湃岸又极坚固,所以立夏开水之日,黄河之水不加增,每年开水月余不能到稍者,今不过四五日,稍末即浇灌偏足矣。镇城以北,往年不沾涓滴者,今且偏各稻梗矣。"①大清渠的创修,由于筹划得宜,不过仅费时 7 日。

继大清渠后,惠农渠及昌润渠则是一项规模更大,由清廷直接干预的综合水利工程。雍正四年,清廷命侍郎通智、单畴书并率在部道府州县 15 人,官弁武举 12人,拔库银 16 万两,大集民夫工料,度地动工。"枝渠四达,长七八里以至三四十里者百余道,均作陡口飞槽,而户口人民又沿渠各制小陡口,小灌洞千余道以相引灌。自此沟塍绣错,二万余顷良田无不霑足"。②昌润渠与惠农渠同年创修,两渠之修始自雍正四年(1726 年)秋,雍正七年(1729 年)夏竣工,历时近三年。渠成之后,清廷又拔库银 16 万两。"以为招徕户口恒产耕种之资",致使百姓"争先趋附,辟田园,茸庐舍,梨云遍野,麦浪盈畴。"③

从以上河渠的创修可知,河渠为宁夏生民命脉。然而,宁夏的河渠就其管理而言是相当困难的。这是因为"他处水利,或凿渠、或筑堰,大抵劳费在一时,而民享其利百年、数十年,而宁夏之河渠,工料颇费,然而引黄河之水泥沙过多,往往河水一石,泥六斗,一岁所浚,且不能敌一岁所淤。往往渠高流浅,灌溉难周,枯旱立见。稍民赴诉喧阗,官吏奔走不暇,上下交病,未如之何。"④从以上记述可知,宁夏河渠亦要发挥功效,其在管理上要求甚高。由于自汉唐以来长期的历史积累,至清代中期,宁夏对河渠的管理已日臻完善。各渠之创,渠口均建有迎水坝伸入黄河,逼水入渠;河水入口后,其旁则有滚水坝,用碎石桩柴镶砌,高度有一定之规,水涨则由此溢出,回流黄河;过此则有退水闸若干,水小则闭闸逼水入渠,水大则开闸使之

---

① 《乾隆宁夏府志》,宁夏人民出版社,1992 年版,第 266 页。
② 《乾隆宁夏府志》,宁夏人民出版社,1992 年版,第 760 页。
③ 《乾隆宁夏府志》,宁夏人民出版社,1992 年版,第 761 页。
④ 《乾隆宁夏府志》,宁夏人民出版社,1992 年版,第 282 页。

溢入黄河;退水闸过后方为渠道正闸,大渠正闸有多空,元时用木闸,明隆庆、万历后改石闸。渠道两岸筑埝,夏人呼之为"涬",沿黄河处则另筑埝护渠称"堤",有长至数百里者。由于宁夏平原之渠道如织,溉余之水或山水泄河之道往往受渠埝阻碍,于是各渠下均设"暗洞"。以成横流,又有渠道交叉,或此交于彼,须横跨渡水,或两渠互济,则木槽跨渠上通之,称"飞槽",亦有用石槽者;由于黄水多淤,每年春灌前例须清淤,为标明淤深度,通智曾创增"底石"法,即在按规定深度定点埋石,上镌"准底"字样,每年清淤以挑见此石为准,有效地保证渠深和进水量。沿渠分大小支渠若干,支渠口亦设水闸,称"陡口",大渠尾入河处,亦多有闸,称"尾闸"。

修渠工料除石、石灰等物外,主要是桩、草、柳茨、夕吉。物料按亩分摊银,据乾隆府志记,每年共"征草四十一万一千五百二十四束,桩三十万四千九百五十一根三分五厘、夕吉一万二千二百九十七束四分六厘。"[1]各渠每年立夏开水,委官专理,放水之初,规定各渠上游陡口闭闸,逼水至稍,"取稍民得水结状以为验,名曰'封水';水大时各支渠陡口酌留水二三分不等称'俵水';到稍后自下而上,以次开放,头水、二水以至冬水皆如此。每岁冬水毕后河冻,即以柴草和土塞渠口,以防春泛时河水溢入,以便挑渠清淤,称'卷扫'。每岁征夫挑渠自清明日上工,立夏竣工,渭之'春工';春工后挑挖西河,称'热夫'。清时宁夏各府每岁征用夫役均在二万人以上。"[2]

关于人夫组织,修渠工具,水量测试等,清代均有明确规定。据杨应琚《浚渠条款》的规定,共计有 12 条,今只记条目,细则不录。依次为:

一、分塘须五丈为定,以便查点也;

二、民夫不许影折代充,以免虚时也;

三、锹锨背笼,不许破坏、碎小也;

四、堆土宜相度涬岸形势也;

五、各工料宜留心稽查也;

六、挖高垫低,遇冻重修之弊宜除也;

七、上下工必须相照应也;

---

①《乾隆宁夏府志》,宁夏人民出版社,1992 年版,第 257 页。
②《乾隆宁夏府志》,宁夏人民出版社,1992 年版,第 257~259 页。

八、支渠陡口,宜严督修理坚固也;

九、挑浚宜复旧制也;

十、渠口下石子急宜挖除净尽,以清水口也;

十一、各工人夫,宜详查变通也;

十二、各处桥闸、飞槽、暗洞,宜严督修整坚固也。①

五、小结

明清时期宁夏河渠的开发,就是宁夏水利开发的缩影。给我们以许多启示。如在水利开发建设中的一些经验教训,重视与水利相关的制度完善等,都值得我们今天对宁夏的开发和可持续发展的建设过程中认真借鉴。

第一,明清两代对宁夏河渠都给予了高度的重视。明清两代对宁夏河渠的重视是一致的,认为宁夏要安定和发展,必须发展水利事业,并把发展水利事业提到了"民命攸关"的高度,认识到"维甘省宁夏一郡,古之朔方。其地乃不毛之区。缘有黄河环绕于东南,……开渠引流以灌田亩,遂能变斥卤为沃壤,而俗以饶裕,此其所以有塞北江南之称也"②这些认识在当时来看是很有见地的。正因为中央统治集团的高度重视,明清宁夏河渠取得了很好的成效。特别是明朝的洪武、宣德、弘治、嘉靖、隆庆、万历时期和清朝的康熙、雍正、乾隆诸朝。这些统治者在任命宁夏水利官员上和财力、物力的重视,加之地方官的努力,使宁夏河渠建设卓有成效。

第二,加强针对河渠的专门管理机构。明代宣德六年,在宁夏设置河渠提举司,任命提举官一员(从五品)、副提举官二员(从六品)、吏目一员(从九品),统一归陕西布政司领导,负责专管宁夏的水利事宜。隆庆六年(1572年),经三边总督戴才奏请,又设立宁夏屯田水利都司官。清代宁夏各河渠的管理,由宁夏水利同知衙门统理,光绪间裁水利同知,改归宁夏知府代行监理。明清时对宁夏河渠所设立的专门机构在修渠所需钱款、物料和用工、受水和徭役赋税方面发挥了一定的作用。

第三,科学合理的河渠管理制度是宁夏河渠发展的有力保障。明朝总结了以往各代经验,结合当时特点,形成了一套管理河渠渠道工程、修浚河渠的制度。从

①《乾隆宁夏府志》,宁夏人民出版社,1992年版,第277~282页。
②《乾隆宁夏府志》,宁夏人民出版社,199年版,第277页。

挖渠引水到封水,从派夫到工料,都有较为严格的规定。清朝继之而又有所发展。这样,既减少了不必要的纷争,又能及时较好地引水灌田,促进了宁夏农业乃至社会经济各部门的发展。这些关于河渠的管理制度就是在今天有些也是应予以肯定的。

第四,明清两代在河渠的开发上采取多种形式。明清时期在宁夏河渠的开发上,曾有多种方式:官办、军办、民办、官助民办等。如雍正年间新开凿的惠农渠和昌润渠,由政府拨款,完全由地方官组织民众督修,可以说是全部官办;军办的有汉伯渠为明代灵州守御千户所动用守军修浚;民办的如明朝天启年间中宁县的中济渠,有枣园人郭珠倡议并组织,自筹资金完全依靠附近民众来完成;至于官助民办则更是屡见不鲜。各种形式的河渠开发,既可以防止完全依赖政府,又对政府资金和财力不足时进行补充。多种形式的运用,促进了明清时宁夏水利事业的发展。

经过明清两代近 500 年的水利建设和农牧业大发展,收到了明显的效果。由于荒地大面积的开垦,农业单位面积产量的提高,使宁夏北部的引黄灌区发展成为北方稳产高产的粮食生产基地。百姓的生活有了改善,国家的赋税有了增长,使宁夏成为名副其实的"塞上江南",黄河两岸处处呈现出河渠纵横于千里沃野的景象。尽管包括宁夏河渠在内的任何制度都难免发生弊端,但明清之际的宁夏河渠的创修与管理仍然不失为一项伟大的社会系统工程。实际上河渠之利为明清两代宁夏获利颇多;甚至近现代,它仍然是宁夏地区经济社会赖以存在和发展的重要基石。

（霍丽娜,宁夏社会科学院副编审）

宁夏三线建设概述

马宝妮

　　发端于 20 世纪 60 年代中期的三线建设是一场在计划经济体制模式下,以战备为指导思想的大规模国防、工业、科技和交通基本设施建设。这一浩大工程初始于 1964 年,至 1979 年国家启动有针对性的初步调整政策后才基本告一段落①。其前后延续十余年,范围主要涉及及中西部地区 13 个省市自治区,是为中国经济建设史上一次在特定历史背景下的空前壮举,对中国工业布局产生了广泛而深远的影响。宁夏是当时划分的大三线的省市之一,中央考虑到宁夏回族自治区成立不久,工业极其落后的情况,在宁夏相应安排了一些迁建企业。由此,以迁建企业为主要特征的宁夏三线建设全面铺开,并直接影响着其后若干年宁夏工业的整体布局和经济社会发展。

一、三线建设决策的提出及实施

　　三线建设概念是出于对当时国防安全考虑而提出的。20 世纪 60 年代,中国所面临的国际环境主要是:美国侵朝战争失败后,又发动侵略越南的战争,威胁我国南大门;印度政府不断蚕食我国领土,在中印边境东、西两段同时向我发动大规模武装进攻;日本尚未与我国恢复正常邦交,北部中苏边境地区气氛也很紧张。鉴于对国际形势和战争可能性的估计,1964 年 6 月, 毛泽东在中央工作会议上提出要

---

　　①关于三线建设的时间,一般有三种说法:一、1978 年,以十一届三中全会召开和 1979 年初决定国民经济调整为标志;二、1980 年,以第五个五年计划结束为标志;三、1982 年,以中央确定三线建设调整改造政策为标志。

搞三线工业基地的建设①。自此,三线建设成为中央决策的重要议题并着手展开调研与实施。1965 年 4 月,中央发出了《关于加强备战工作的指示》,并据此修订了当时正在制定的"三五"计划。修改后的"三五"计划在部署贯彻以农业为基础、以工业为主导发展国民经济的总方针,力求农业、轻工业、重工业相互促进,协调发展,更好地解决人民的吃穿用的同时,强调要加强国防战备,在大三线新建一批骨干厂矿企业,一、二线的大批企业内迁,进一步改善工业布局,促进西南、西北广大内地经济的发展②。

所谓一、二、三线,是从入侵之敌可能侵入的方向,按照我国地理区域划分的,沿海地区和东北、西北边疆地区为一线,中部地区为二线,京广线以西、长城以南的地区为三线。三线分两大片,一是包括云、贵、川三省的全部或大部分及湘西、鄂西地区的西南三线;一是包括陕、甘、宁、青四省区的全部或大部分及豫西、晋西地区的西北三线。三线又有大小之分,西南、西北为大三线,中部及沿海地区省区的腹地为小三线。

根据中央的决定,各有关部门迅速展开西南、西北三线建设的具体部署。随后,又分别成立了西南、西北三线建设指挥部,负责组织中央有关部门在三线地区新建设、扩建、迁建项目的计划协调和物资供应工作。

二、三线建设在宁夏

根据中共中央关于搞好三线建设的有关指示,针对宁夏回族自治区成立的较大区划变动,工业基础十分薄弱的状况,国家在调整全国工业建设布局中,决定在宁夏安排一批列入三线建设范围的重点建设项目,自 1965 年初开始,由沿海和内地陆续向宁夏整体搬迁或合并创建一批大中型工业企业。

自治区党委积极响应中央号召,于 1965 年 4 月 16 日发出《关于加强基本建设指挥部领导的决定》,成立由自治区人委副主席马信任总指挥的自治区基本建

①薄一波·若干重大决策与事件的回顾(下),北京:中共中央党校出版社.1993.第 1200 页。
②关于三线建设的时间,一般有三种说法:一、1978 年,以十一届三中全会召开和 1979 年初决定国民经济调整为标志;二、1980 年,以第五个五年计划结束为标志;三、1982 年,以中央确定三线建设调整改造政策为标志。第 1216 页。

设指挥部,具体负责"三线建设"的相关工作。同年 11 月,宁夏回族自治区计划委员会编制国民经济第三个五年计划时,确定了要贯彻中央"备战、备荒、为人民"的战备思想,有计划地增加粮食储备,同时确保完成国家在宁夏安排的国防建设和基础工业建设任务,并尽可能地发展一些为大工业服务的配套工业,相应地发展轻工业、手工业。自此,以迁建企业为主要特征的宁夏三线建设全面展开。1965 年7 月,由石家庄拖拉机配件厂迁建的以生产拖拉机、内燃机、汽油机活塞和活塞环为主的吴忠配件厂在吴忠县建成投产;10 月,由北京仪器厂迁建的以生产电子式万能拉力试验机、机械式万能拉力试验机、扭转试验机等为主的青山试验机厂在青铜峡县建成投产,由大连机床厂迁建的以生产数控车床、仿形车床、组合车床、铣端面钻中心孔机床等为主的长城机床厂在银川建成投产;11 月,由大连起重机器厂迁建的以生产起重机、减速器等为主的银川起重机机器厂在银川建成投产;12 月,由沈阳中捷人民友谊厂迁建的以生产方柱立式钻床、珩磨机床等为主的大河机床厂在中卫县建成投产;同月,由青岛橡胶二厂和沈阳第三橡胶厂部分合并迁建的以生产载重汽车轮胎、轻卡汽车轮胎、轿车轮胎、航空轮胎、子午线轮胎、农用轮胎及航空轮胎翻新等的银川橡胶厂在银川基本建成投产;年底,由北京有色金属研究总院 435 室、436 室、215 室合并迁建的全国最大的钽、铌、铍生产科研基地和全国唯一的铍材料研究中心的宁夏有色金属冶炼厂(又称西北稀有金属材料研究院),在石嘴山市大武口建成投产。1966 年 2 月,由大连仪表厂迁建的以生产插入式、圆环式涡漩流量计等流量、压力类仪表为主的银河仪表厂在银川建成投产;3 月,由上海自动化仪表七厂迁建的国内规模最大的调节阀生产厂家的吴忠仪表厂在吴忠县建成投产。这些大型企业或以搬迁形式在宁夏选址建设,或在宁夏原有工厂企业基础上扩建或改建而成,大都在极短的时间内建成并投产。

按原定计划,还有一批沿海和内地的大中型工业企业将陆续在宁夏建设,但是随着"文化大革命"中的"打倒一切""全面内乱"剧烈动荡局势的到来,宁夏的三线建设随全国大局势一度陷于停顿。

1969 年 3 月,苏联军队入侵我国黑龙江省珍宝岛地区造成了严重流血事件。同年 6 月和 8 月,新疆地区又因苏军入侵发生了中苏武装冲突。中国更直接、更严重地感受到来自苏联的战争威胁,全国性的战备工作也随之进入高潮。适应全国战备的要求,自治区计委于 1970 年编制的国民经济计划纲要中,则明确主要任务之一仍是继续加强三线建设,并为适应战备和发展国民经济的需要,要加速国防公路和山区交通建设。宁夏的三线建设再次掀起高潮。

1969 年 9 月,由沈阳中捷人民友谊厂迁建的以生产全国主要机床厂所需机床铸件为主的长城机床铸造厂在银川建成投产;同年 10 月,由辽宁瓦房店冶金等行业所需各类轴承为主的西北轴承厂在平罗县大水沟基本建成投产;由天津红旗仪器厂迁建的以生产硬度计、冲击试验机、蠕变及持久强度试验机、包装容器试验机等为主的吴忠微型试验仪器厂在吴忠县建成投产;1970 年 4 月,由山东 732 厂迁建的以生产军用配套设备等为主的兴庆机器厂在银川建成投产;9 月,分别由张家口煤矿机械厂、淮南煤矿机械厂、抚顺煤矿机械厂迁建设的以生产综采普采刮板

1965—1970 年主要迁宁企业一览表

迁入企业	在宁所建企业	迁入或投产时间
石家庄拖拉机配件厂	吴忠配件厂	1965 年 7 月
大连机床厂	银川长城机床厂	1965 年 10 月
北京仪器厂	青山试验机厂	1965 年 10 月
大连起重机厂	银川起重机厂	1965 年 11 月
沈阳中捷人民友谊厂	中卫大河机床厂	1965 年 12 月
天钢、鞍钢、太钢等	石嘴山五四厂	1965 年 12 月
冶金部有色金属研究院 435 室 436 室 215 室	宁夏有色金属冶炼厂(905 厂)	1965 年 12 月
青岛橡胶二厂、沈阳第三橡胶厂	银川橡胶厂	1965 年 12 月
大连仪表厂	银川银河仪表厂	1966 年 2 月
上海自动化仪表七厂	吴忠仪表厂	1966 年 3 月
沈阳中捷人民友谊厂	银川长城机床铸造厂	1969 年 9 月
瓦房店轴承厂	西北轴承厂	1969 年 10 月
天津红旗仪表厂	吴忠微型试验仪器厂	1969 年 10 月
淄博 732 厂	胜利阀门厂(兴庆机器厂)	1970 年 4 月
张家口煤矿机械厂	西北煤矿机械一厂	1970 年 9 月
淮南煤矿机械厂	西北煤矿机械二厂	1970 年 9 月
抚顺煤矿机械厂	西北煤矿机械三厂	1970 年 9 月
吉林 524 厂	固原清河机械厂	1976 年 10 月

机、车载机、破碎机、皮带机、洗选设备、矿井专用设备、各类防爆电机等为主的西北煤矿机械一厂、二厂、三厂在石嘴山市大武口建成投产（1973 年成立西北煤矿机械总厂统一领导）；此外，还有 1976 年 10 月，由吉林省 524 厂等迁建的清河机械厂在固原县建成投产。

三、宁夏三线建设企业的发展

进入 20 世纪 80 年代后，随着国际国内形势的变化和基于三线建设诸多遗留问题的考虑，国家着手对三线建设进行调整改造。这一过程正处于我国经济体制由计划经济向社会主义市场经济转变、国家发展战略向东转移，再到西部大开发战略的提出和实施这一宏大历史背景之中。宁夏的三线企业原本均为国家所有的工业企业，在经济体制的变革中不断适应市场和社会的需求，谋求自身发展。现择其要者记述如下：

（一）石嘴山钢铁厂本是自治区成立之初确定的年产 20 万吨至 30 万吨规模的钢铁厂，于 1959 年底正式投产，但因设备简陋、工艺不过关及管理落后等诸多原因，在运行 4 年后，终因企业亏损严重，停产关厂。1964 年，国家冶金部决定在原石嘴山钢铁厂旧址基础上，建设西北地区的大型金属制品生产基地——"五四厂"，并于 1965 年 3 月正式开工。国家冶金部从鞍（鞍山）钢、天（天津）钢、湘（湘潭）钢、本（本溪）钢、太（太原）钢等企业抽调了一批干部、技术人员、生产骨干，并调剂生产设备，全力支援"五四厂"的建设。随着"文化大革命"的开展，"五四厂"的生产建设受到冲击，全厂陷入混乱局面。1970 年，国务院批准将"五四厂"下放宁夏回族自治区管理，实行地方和中央的双重领导，并将"五四厂"和石嘴山钢铁厂筹建处合并，定名为宁夏钢铁厂（1972 年又更名为宁夏石嘴山钢铁厂）。此后，经 8 年恢复建设，企业生产走上了正轨。这一时期研究的异型钢丝辊模拉拔新工艺还获得 1978 年"全国科学大会奖"。此后，随着国家经济改革方针的确立，石嘴山钢铁厂的生产建设也有了较快发展，至 1997 年，按照现代企业制度改制，成立了宁夏恒力钢铁集团有限公司，1998 年 4 月，"宁夏恒力"股标作为中国钢丝绳第一股正式发行。

（二）西北轴承厂 1965 年，中国第一机械工业部按照国家"三线建设"的战略部署,决定将辽宁瓦房店轴承厂搬迁至宁夏,建设代号为"102"的西北轴承厂。西北轴承厂建成投产后,由于厂址先天不足,生产经营受到严重制约,至20世纪80年代初期已连年亏损,濒临倒闭。在自治区政府支持下,西北轴承厂被国家列入"六五""七五""八五"重点技术改造规划和"八五"脱险搬迁规划,工厂向银川市转移,1992年底全面实现了厂址调整的目标,同时根据国家重点发展能源、交通、原材料等基础产业的国民经济发展战略,对产品结构进行了适应性、开发性的调整,形成以铁路货车轴承、石油机构轴承、冶金轧机轴承和出口的双密封轴承为主导的产品结构,产品销往国内各省区,并出口到50多个国家和地区。至20世纪90年代中期,工厂已发展成为我国西部地区最大的轴承生产厂家,全国100家最大的机械工业企业之一。1994年,西北轴承厂被列为全国百家建立现代企业制度试点单位之一,是宁夏唯一的国家级试点企业。次年经自治区政府批准,正式改组为"西北轴承集团有限责任公司",是政府授权的国有资产独资公司。1996年,向社会公开发行股票,组建"西北轴承股份有限公司,成为全国轴承行业第一家上市公司①。

（三）宁夏有色金属冶炼厂（西北稀有金属材料研究院）1965年北京有色金属研究总院从事钽、铌、铍研究的435、436、215室的一部分搬迁到宁夏,利用原宁夏汝箕沟选煤厂旧址改建为"九〇五厂"和"第三有色金属研究所",于1966年建成投产。随着国家由计划经济向社会主义市场经济过渡,厂（院）生存艰难。"七五"计划后,宁夏有色金属冶炼厂以经济效益为中心,以技术进步为重点,努力开拓国内外两个市场,主导产品从以国内销售为主转为以国外销售为主。1999年,经国家经贸委批准,以宁夏有色金属冶炼厂、西北稀有金属材料研究院为主,组建了宁夏东方钽业股份有限公司,随后经扩建、技术改造和技术引进,发展成为内最大的稀有金属新材料钽、铌、铍研究基,是国家科技部、中国科学院认定的国家重点高新技术企业和国际钽铌研究中心中国唯一成员单位。

（四）宁夏长城机床厂、宁夏大河机床厂和宁夏长城机床铸造厂 1965年,国家第一机械工业部由大连机床厂和沈阳中捷友谊厂搬迁部分主导产品、人员和设备

---

① 贺宁.闯出深山天地宽——西北轴承厂深化改革纪实.中国机电工业.1995年第5期.

到宁夏,在银川市组建了宁夏长城机床厂,在中卫县组建了宁夏大河机床厂,1969年又以沈阳中捷友谊厂为主在银川组建了长城机床铸造厂。十一届三中全会以后,宁夏机床工业进入了快速发展时期。通过"六五""七五"技术改造,不断引进国内外先进技术、开发新产品、规模经济初步形成。其中长城机床铸造厂1984年甩掉了建厂以来的亏损"帽子",于1986年组建了宁夏长城机器制造厂,生产的机床毛坯件不仅供应国内10多个主机厂,还成批进入日本市场,出口50多个国家和地区。1994年长城机器制造厂于与日本须崎公司合资合作建立了长城须崎机床铸造有限公司,随后与日本马扎克公司合资在银川建立了小巨人机床有限公司,成为具有世界先进水平的数控机床生产企业,是我国第一家智能网络化管理的企业。2002年长城机器制造厂改组为长城机器集团,2004将宁夏小巨人机床有限公司的股份出售给日本马扎克公司,将部分资金与奥地利钢铁联合公司合资建立宁夏共享铸钢有限公司,通过技术改造和多方位投资、合资,成为产品多元化、市场多角化,跨地区、跨行业的大型企业集团。宁夏长城机床厂、大河机床厂在由传统的计划经济向市场经济转轨过程中,对市场竞争适应能力不足,自1994年开始在困境中运行。2003年宁夏长城机床厂重组为宁夏长城数控机床有限公司,2005年由江苏新瑞机械有限公司收购,建立了宁夏新瑞长城机床有限公司。宁夏大河机床厂在分立的基础上分别独立改制,原中卫部分改制为宁夏中卫大河机床有限责任公司,拥有国家唯一的珩磨技术研究机构——大河珩磨机床研究所,自主研制开发的数控珩磨机床也在2004年被列为国家发改委产业化项目。原银川部分改制后成立了宁夏银川大河数控机床有限公司,由银川长城液压件有限公司参股并控股。①

(五)银川橡胶厂1965年由青岛橡胶厂和沈阳第三橡胶厂部分合并迁建于银川。1982年作为宁夏第一批企业整顿重点单位,在厂内正式试行经济责任制,1984年,成为自治区厂长(经理)负责制工作五大试点单位之一,1993年底,经自治区人民政府批准,同香港中策投资有限公司合资组建银川中策(长城)橡胶有限公司。在1995年由国家经贸委、国家统计局运用新的综合评价体系排出的中国工业企

①刘建文、马熙康.宁夏机床工业的五十年.宁夏机械.2008年第2期.

业综合评价最优 500 家中,名列第 27 位。是化工部 16 家重点轮胎生产厂家之一,全国大型航空轮胎骨干生产厂,西北地区最大的轮胎生产基地。2002 年底,新加坡佳通集团和银川橡胶厂签订合资建设年产 1000 万条轮胎项目协议,分别成立银川佳通长城轮胎有限责任公司和银川佳通轮胎有限责任公司。

(六)西北煤机三厂 1970 年由抚顺煤矿机械厂迁建宁夏石嘴山。20 世纪 90 年代以来,置身于计划经济向市场经济转轨初级阶段,以及受当时煤炭市场不景气的影响,于 1993 年 9 月全面停产。此后,企业几度停产半停产,企业也因资不抵债,被列入全国特困企业和自治区特困企业之列。1994 年 5 月,自治区确定西北煤机三厂为全区 16 家重点减亏企业,在自治区支持下,1994 年 7 月 1 日,西北煤机三厂恢复生产,当年完成产值 2100 万元,减亏 400 万元。到 1997 年,产值突破8000 万元,成为全煤矿系统减亏效果最显著的企业。1999 年煤炭行业第二次滑坡,企业再次陷入绝境。2000 年 5 月,由自治区下放石嘴山市管理。2005 年 1 月设立宁夏骏马煤矿电机有限责任公司,2006 年,公司生产的"煤友牌"电动机荣获中国西部理想品牌奖,当年企业完成产值超过 3 个亿[1]。

四、宁夏三线建设评述

(一)宁夏开展三线建设对宁夏的工业经济产生具有重要的推动作用。

其一,三线建设时期是宁夏工业基础奠定的重要时期之一。宁夏自新中国成立以来,工业基础相当薄弱,基本处于一穷二白的境地。宁夏回族自治区成立前后到 1960 年,国家对宁夏基建投资迅速增长,1958 至 1960 年三年的投入总和相当于前 8 年的 12.6 倍,一批骨干企业和许多现代工业门类从无到有建立起来,从而形成宁夏经济建设、特别是工业建设的第一个高潮时期。随后,在国家实施的三线建设战略中,按照国家总体部署,一批机械、化工、仪表等先进的高加工度企业搬迁到宁夏,同时,在三线建设的推动下,迁建企业的建成投产及一些在 60 年代前期曾为压缩基本建设投资进行调整的许多本地企业也随之恢复生产或建设,形成宁夏工业经济发展的又一个高潮时期。特别是由于迁建企业原本就是我国机械工

①魏萍."特困户"西北煤机三厂的蜕变.宁夏日报.2007 年 5 月 29 日第 6 版.

业的骨干,迁宁后对宁夏工业发展起到了直接的推动作用。其中如机械工业,1965年时,宁夏机械工业产值在整个工业产值中的比重不足19%,而一年后却增长到23%,增速达102%,至1970年,这一比重更是达26.3%①。

其二,三线建设时期落户宁夏的工业企业分布在煤炭机械制造业、机床制造业、轴承制造业、起重设备制造业、材料试验机制造业以及自动化仪表制造业等众多领域。较宁夏工业原本规模小、产品少、技术落后,产销封闭,基本只供应本地市场的性质而言,其优越的生产条件、精良的技术装备和先进的技术水平,以及产品的产量、质量和市场占有率等等,都极大地提升了宁夏工业在全国工业中的战略地位。其中如吴忠仪表厂作为全国生产自动调节阀的重点企业,产品品种约占全国的70%。宁夏大河机床厂、宁夏长城机床厂是我国首批生产数控机床的厂家之一,20世纪80年代初批量生产数控机床正成为我国机床工业水平的标志。

其三,三线建设时期,迁宁企业带来的不仅仅是工业项目,当时,在"备战备荒为人民""好人好马上三线"的政策感召下,数以万计的工人、干部、技术人员和解放军官兵奔赴三线,随企业内迁到宁夏的干部、工人、技术人员等为宁夏工业发展做出了重要贡献。他们其中很大一部分人扎根宁夏,成长为宁夏经济发展中重要的技术力量。同时,三线建设企业内迁后,也从宁夏本地招收了相当数量的工人,以"传、帮、带"的形式展开培训,从而也形成了宁夏工业中的一支重要的产业工人队伍。

(二)当然,我们也必须认识到,在计划经济体制时代,特别是将战备作为重点的三线建设项目仓促启动以来,企业建设过程中不计成本和低效率是显而易见的。

各时期每1元基本建设投资提供的国民收入增加额表 （单位:元）②

	"一五"计划 1953–1957年	"二五"计划 1958–1962年	1963–1965年	"三五"计划 1965–1970年	"四五"计划 1971–1975年
全国	0.542	0.013	1.097	0.552	0.327
一线	0.756	0.019	1.297	0.956	0.515
三线	0.775	−0.018	0.33	0.282	0.237

①徐安伦、杨旭东.宁夏经济史.银川:宁夏人民出版社.1998年,第333页。

②根据马泉山.新中国工业经济史(1966—1978),北京:经济管理出版社,1988年283页表格改编,转引自严蔚.湖南三线建设述评.湖南师范大学硕士论文.2007年.

在宁夏则可以西北轴承厂的建设及发展作为具体例证——1966年2月,西北三线建设会议决定"102"的总厂厂址选在青铜峡大坝地区,经过两个多月的努力,建成了临时的水、电、路及部分平房等设施。5月13日,中国第一机械工业部副部长周建南来宁夏视察"102"的建设,认为青铜峡风沙大,未能靠山隐蔽,经过再次勘察,6月25日,厂址正式选定在贺兰山大水沟。1970年,工厂终于正式投入生产,完成了38.7万套轴承生产任务。此后的10多年间,因产品质量、交通运输、水源、运输成本等问题而一直亏损,1981、1982年连续亏损,年亏损额超过199万元,成为宁夏的亏损大户[1]。

此外,目前关于三线建设的讨论还有一个重要的议题,就是所谓"孤岛效应"。其一,就地理位置而言,三线建设中的企业片面执行"分散、靠山、隐蔽"的方针,因而企业建设地点大都远离中心城市,布局相对分散,交通不便,不仅增加了基本建设投资,而且企业对周边地区的辐射功能受到限制,也给生产管理、协作带来了诸多困难,这也是日后制约三线迁建企业发展的瓶颈之一。其二,三线建设中,大批外来移民由于企业所处位置偏僻,远离迁入地主流居民。在社会运行中,社会大环境表现为高度集权化,单位是基本组织形态,因而企业员工与外界主体民族接触肤浅,加之地域文化差异,从而导致了"文化孤岛"现象的出现[2]。在国有企业实行改制、改革的进程中,文化孤岛模式难以维系,三线企业中的外来移民也经历着融入当地社会的文化适应过程中。这也是值得关注的一个历史和文化现象。

(马宝妮,宁夏社会科学院副研究员)

---

[1]唐荣尧."102".远逝的宁夏军工企业记忆.银川晚报.2011年2月23日第25版.文化周刊.
[2]刘有安.20世纪迁入宁夏的汉族移民社会文化适应研究.兰州大学硕士学位论文.2008年.

宁夏古代屯垦史的几个特点

廖　周

　　宁夏自古为边陲重地,亦是我国历代重要的屯垦地区。秦时,为北逐匈奴,辟北地郡徙民筑城,胡人不敢南下牧马;汉武帝时,在朔方屯田,以缓关中之急;魏晋南北朝时期,宁夏南北均有公私屯田,宜产宜牧;隋朝朔州总管在长城以北屯田置业,军粮自足,岁有剩粟;唐时,屯务渠务齐头并进,军食大济;宋和西夏,为充实边务,均沿边置屯,尤以西夏屯务成就显著;元时徙南军屯田宁夏,又安置回回军屯,加上张文谦、郭守敬等人疏浚修复灌渠,再现西夏"塞北江南";明时,宁夏为九边重镇,设有"五卫七所八十六屯堡",长城内外,军士屯卫兼顾,仓储充溢;至清代,疆界开阔,宁夏无边患,变军屯为民田,四周移民垦殖日益增多,昔日游牧之地,农商兴盛,与中原无异。纵观宁夏古代屯垦两千余年,起于秦,盛于汉,复兴于隋唐,反复于宋夏,完备于明,渐变于清,代有兴废。其土地的屯垦开发,为历代边疆的稳定、战争的胜利和经济社会发展做出了重要贡献。

一、有关宁夏古代屯垦学术史的简要梳理

　　自民国起,出于地缘政治和经济开发的考量,中国学界逐渐关注西北移民垦殖问题,其中包括对宁夏农垦历史的梳理。如高秉坊(1924)《论西北垦殖事业》,南运河工程局(1930)《西北垦殖计划》,安汉(1932)《西北垦殖论》,李积新(1934)《宁夏垦务概况》等著作,从战略及工程技术层面强调西北移民垦殖重要性的同时,也简略地涉及了宁夏农垦史。王国鼎(1933)《中国田制史》是较早系统论述自上古至元代中国地政的著作,并对屯田制度进行了分述。张君约(1939)《历代屯田考(上

下）》论述了自西汉至明代的屯田历史，提出"屯田制是中国历史上仁政具体化之最大政策"的论断。唐启宇（1944）《历代屯垦研究（上下）》上册主要论述历代屯垦制度，下册分地域探讨屯垦问题，该书将宁夏置入"甘青之屯垦"部分阐述。李贻格（1947）在《宁夏历代屯垦考》一文中梳理了民国行政区域内的宁夏，自秦汉至清末的农垦政策与开发成效。新中国成立后，有关古代农垦方面的著作逐渐增多。如王毓铨（1965）《明代的军屯》、唐启宇（1985）《中国农史稿》、杨向奎等（1990）《中国农垦史（上中下）》、刘继光（1991）《中国历代屯垦经济研究》、赵俪生（1997）《古代西北屯田开发史》、田澍（2007）《西北开发史研究》等著作或以西北区域为研究视角，研究屯田制度、经济开发与社会变迁，对宁夏农垦历史均有涉及。杨新才《宁夏农业史》（1998）与刘天明《移民大开发与宁夏历史文化》（2008）则重点以宁夏为研究对象，对历代屯垦对宁夏农业发展的贡献及屯垦戍边与历史文化的演变进行了细致的考察。左书谔（1986）、刘菊湘（1996）、吕卓民（1997）、李蔚（2000）、薛正昌（2015）分别对明代屯垦、西夏屯田、屯田与水利开发等问题作了专题研究，这些文献都为古代宁夏屯垦史的进一步梳理和研究提供了宝贵的基础和必要条件。

二、宁夏古代屯垦与水利建设相辅相成

秦始皇统一全国后，为防边患，命蒙恬沿黄河筑垣设郡，并以"民屯""罪屯""军屯"等方式开展垦殖。汉武帝接受主父偃的建议，亦在朔方地屯田。宁夏今日的秦渠和汉延渠据传始于秦汉，在民间，并有"白马拉缰"[①]的传说。而汉延渠修建于公元前 110 年左右[②]，和汉武帝及主父偃主张朔方屯田时间一致。

魏晋以后，西北战争连年不断，宁夏平原的农业生产遭受严重破坏。鲜卑拓跋部统一北方，建立北魏政权之初，即着手恢复河套地区的农业生产。时宁夏有高平镇和薄骨律镇，薄骨律镇将刁雍，针对宁夏平原的引黄水利灌溉系统因战乱破坏，致使"官渠乏水，不得广殖"，他上奏朝廷请开艾山渠，"溉官私田四万余顷""官课

---

①民间相传秦渠的流向是依白马缰绳拖地而成。参见，郭建申编著：《中国西部回族民间故事集》，中国文化出版社，2009 年 7 月，第 1 页。

②《宁夏水利志》，宁夏人民出版社，1992 年 4 月，第 165 页。

常充,民亦丰赡"①。

宁夏著名的唐徕渠,历代疏浚重修均与屯垦有关,唐徕渠始于光禄古渠②,此渠被吐蕃马重英在大历十三年(778年)③侵犯灵州时毁坏,以扰唐朝边防军的屯田。唐元和十五年(820年)灵州大都督李听对此渠曾大加疏浚、延长,并招徕垦种,遂名唐徕渠。西夏王朝时,为满足军需民食,也曾疏浚修挖此渠,史称其"土境虽小,能以富强,地势然也"④。元中统元年(1260年),朝廷计划将南军屯垦西夏营田,至元元年(1264年),著名水利专家郭守敬随中书左丞张文谦到宁夏,开挖毁坏淤浅的唐徕渠、汉延渠、秦家渠等工程。工程完毕后,至元八年(1271年),设立宁夏营田司民屯,陆续迁徙南方投降人民到中兴路(后改宁夏路)编聚屯田。

西夏王朝时,为与宋、辽、金抗衡,将军队分为正军与屯军,屯军平时务农,战时为伍,为发展屯务,大兴水利,最著名是李元昊时期开凿的"昊王渠",从青铜峡引黄河水,沿贺兰山东麓,流经今宁夏吴忠、永宁、银川、贺兰、平罗等县市,全长三百多华里。

明清时期,屯务与渠务也是齐头并进,屯垦废,渠务凋敝,屯垦兴,旧渠变新渠。自古以来,宁夏平原地区受自然条件所限,农业必须灌溉,而大兴水利必须依靠"国家"或集体的力量,无大规模屯垦,水利就无从谈起,而只要水利先行,屯垦成果必然丰厚,所以历代引黄水利与屯田兴衰相符。正如明代陕西按察副使曹琏在《西夏形胜赋》中所言"带河渠之重阻,奠屯戍之基张,垦良田之万顷,撑乔木之千章"⑤。

三、宁夏古代屯田与边务缓急互动明显

宁夏背靠贺兰山,面向黄河,期间沃野平川,处于中原农耕与北方游牧的交汇地,军事战略位置非常重要。宁夏在历史上,不同时期的军事地位和边务缓急与屯

①《魏书1卷1-41》,吉林人民出版社,1998年1月,第529页。

②宁夏百科全书编纂委员会编:《宁夏百科全书》,宁夏人民出版社,1998年,第174页。

③《柏杨白话版资治通鉴第7辑》,万卷出版公司,2009年1月,339页。

④《二十五史9辽史、金史、元史-金史》,中州古籍出版社,1996年10月,第499页。

⑤〔明〕胡汝砺纂修:《嘉靖宁夏新志》,宁夏人民出版社,1982年,第439页。

田有着密切的关系。秦汉之时，今宁夏全境处于西防羌族，北御匈奴的前沿与要冲，秦始皇于统一全国后的第二年，亲赴北地郡巡视，后派大将蒙恬率 30 万大军出击匈奴，"取河南地千里"，并迁民屯垦实边，其中北地郡就包括宁夏。两汉时期，宁夏是防御匈奴南进之要冲。为加强军防，汉武帝下令在乌氏县（固原县南）瓦亭关、朝那县萧关设重防，还在富平县神泉障设北地都尉，浑怀障设浑怀都尉，以加强河防与边塞军卫管理。东汉时，也大规模"募民徙塞下屯耕"①，巩固边塞。

隋开皇三年（583 年），突厥犯塞，吐谷浑寇边，西北边境屡次发生战争，为减轻粮草转运成本，隋文帝命令大将军赵仲卿随军前往贺兰山，后任朔州总管，大兴屯田，"收获岁广，边戍无馈运之忧"②。

隋唐和五代时期，中央政权对边区少数民族的战争频繁，宁夏军事战略地位日益重要。唐贞观元年设置关内道，包括原州、灵州、盐州、会州等宁夏地区，属于京畿地区，由京官遥领。宁夏境内不仅有军屯，还有大规模的民屯。贞观二十年，李世民亲临灵州，接受并以屯田的方式安置归附的少数民族，屯垦经济的发展使得朔方军兵马强盛③，关中屏障灵州成为唐肃宗的中兴之本。

宋夏鼎立之时，为战争需要，双方均在边境大力发展军屯，西夏有屯田军，各地设置寨所，武装侵垦④。北宋为防御西夏，在西北地区也普遍设置了屯田，如咸平年间，陕西转运使在镇戎军（治所固原）实行屯田，斐济在灵州也曾实行屯田，景德年间，北宋招募西北百姓为弓箭手，计口给田，"胜者予田二亩"，且不交税⑤。

元初，受战争破坏，宁夏境内人口稀少，农业凋敝，忽必烈在宁夏设"中兴路新民总管"，迁徙内地居民在西夏故地屯垦。其后，多次迁徙内地降军和回回军往宁夏屯田，并以民屯为主。

---

①宁夏军事志编纂委员会编：《宁夏军事志上》，宁夏人民出版社，2001 年 6 月，第 84 页。

②中国文史出版社编：《二十五史卷 5 南史、北史、隋书》，中国文史出版社，2003 年，第 1514 页。

③灵州地区水土丰沃，垦殖发达，据《唐六典》卷七《尚书工部》记载："凡天下诸军、州管屯，总九百九十有二，……灵州三十七屯。"参见《册府元龟》卷 503，《邦计部·屯田》，北京：中华书局，1960 年，第 6036—6037 页。

④郑彦卿编著：《宁夏五千年》，宁夏人民出版社，2001 年，第 55 页。

⑤张泽咸等著：《中国屯垦史中册》，农业出版社，1990 年 7 月，第 158-160 页。

至明朝，为防蒙古骑兵南下，政府沿长城设立九个军事重镇，宁夏地区就有两个，宁夏镇和固原镇，并实行军屯制度，规定军队"七分屯种，三分城操"，①在军屯的带动下，在屯所周边也形成了一定规模的民屯和商屯。由于屯垦制度严密，明军在宁夏的屯垦取得巨大的成绩。永乐三年（1405 年），朝廷以"天下屯田积谷宁夏最多"②，表彰了总兵何福。据《春明梦馀录》记载，明代中期宁夏镇仅军屯垦地就有5528 顷，产粮达 30 多万石③。宁夏、固原卫所在抵御鞑靼、瓦剌的袭扰中也屡有胜绩。自宣德后，由于官员腐败和皇族豪强的蚕食，屯政渐废，屯田多转为佃田。至清朝，宁夏卫所边塞职能弱化，政府招民开荒，按田收租，军屯制度解体。

在历史演变的过程中，宁夏多处于中央政权的边疆地区，出于边防和战争的需要，历代统治者均重视宁夏地域的屯垦，特别在明代，宁夏三面临边，终明之世均为用武之区，所以它的军屯规模与效果最为突出。

四、宁夏古代屯垦保障了丝路与驿路的通畅

丝绸之路的宁夏段，位于丝绸之路的东段北道。大致走向：从长安出发，经平凉入宁夏境内，过弹筝峡（俗称三关口），瓦亭关，北上原州（固原），再沿清水河谷，向北经石门关（须弥山），折向西北经海原抵到靖远，西渡黄河，经景泰县到达凉州（武威）④。这条线路较南线到达凉州近百公里左右，南北朝至隋唐间，成为关中通往河西走廊的主干道⑤。

汉唐以来，宁夏屯军的主要任务除了防御北方游牧民族的入侵外，还承担着保护关中通往河西的便捷要道，保障商贸与驿路的通畅。唐初，政府在朔方即今宁夏和中卫沿黄河两岸，屯军数万人，均为兵农合一的府兵制，到唐中叶，以灵州为指挥中心的军府共拥兵六七十万人。隋唐一代在宁夏原州、盐州等地设有监牧使，不仅为军队提供了万匹骏马，同时也为丝路驿站的通行提供了可靠的运输保障。在

①《明史》（七），中华书局，1974 年版，第 1884 页。
②黄云眉著：《明史考证第 2 册》，中华书局，1980 年，第 613 页。
③转引自：韩茂莉著：《中国历史农业地理下》，北京大学出版社，2012 年 3 月，第 1080 页。
④薛正昌，丝绸之路与宁夏石窟文化，《现代哲学》，2010 年第 6 期。
⑤马建军，丝绸之路"宁夏段"申报世界文化遗产预备点突出的普遍价值，《宁夏师范学院学报（社会科学）》，2010 年第 4 期。

边塞,以屯垦点或关隘为中心,大多有以交换为目的的互市交易,参与者多为关隘两边或周边的势力代表及民众等,当时市场的繁荣,从唐宋时期以灵州为中心的马市就可见一斑①。

元朝至元九年(1272年),安西王驻兵六盘山,六年后,在开城置屯田总管府,共屯田4.4万多顷②。在明代,宁夏"墙内之地悉分屯垦"③几乎每个卫所都有屯田,除了中、北部的军屯外,在南部的一些屯田点与关隘、城堡亭燧相连,基本保障了宁夏段丝路畅通无阻,直至清末,林则徐谪戍新疆,走的还是这条古道。从历史上看,每当屯田废弛、边境战乱,丝路就得绕道或阻绝,而丝路的通畅同时也为军屯提供自身不能生产的物资,二者相辅相成。

五、古代屯垦对宁夏生态环境的影响

宁夏古代屯垦中,随着屯垦规模的扩张和农业人口的增长,过度砍伐了南北部山区的森林资源,对中部草原亦有不适宜的开发,这是明末以来,宁夏生态环境不断恶化的主要原因。张维慎(2002)认为,宁夏古代屯垦造成农林牧结构严重失调,从而使宁夏南部水土流失,沟壑发育,宁夏中北部土壤沙化④。侯仁之先生在1960年曾考察宁夏河东沙区明代城堡废墟,他指出,宁夏河东沙区除去少数局部的天然沙丘外,其余地方本应是广阔的草地。自明代中期以后的军屯推行和不合理的耕作,以及过度的樵采和放牧使原来的草原遭到极大的破坏,如铁柱泉城就地起沙等⑤。在宁夏北部平原,秦汉时期,政府向包括宁夏在内的朔方郡大规模移民开垦,不仅使一部分草地被开垦,黄河两岸及贺兰山山脉的森林也第一次遭到大规模破坏。唐宋西夏由于战争双方的需要,大力发展屯田,特别是西夏统治时期,因地广人稀而进行粗放式耕作,虽然荒地被大面积开垦,但没过几年就撂荒,损毁地力。历代中一些刚刚开垦的土地在战争中撂荒,灌渠堵塞,而气候在一些历

---

①参见:薛正昌:丝绸之路在宁夏,《银川晚报》,2014年4月29日,第23版。
②宁夏通志编纂委员会:《宁夏通志军事卷》,方志出版社,2004年2月,第18-19页。
③〔清〕张廷玉《明史》,岳麓书社,1996年2月,第2571页。
④张维慎:《宁夏农牧业发展与环境变迁研究》,陕西师范大学出版社,2002年。
⑤田澍:《西北开发史研究》,中国社会科学出版社,2007年3月,第473页。

史年份恰恰逐渐干冷①,植被不能自然恢复,使得引黄灌区也出现了部分沙化。在中部平原,随着明清在中部沿长城地区的屯垦规模逐步扩大,中部城镇规模不断扩张,土地的沙漠化和荒漠化也加速产生。随着森林植的破坏,流沙从众多山口侵入,从而形成流动和半流动的沙丘。在南部山区,灌溉本就有限,历代屯田变牧为农,刀耕火种使得森林和草原失去涵养水源的作用,造成水土流失,沟壑丛生。从生态的角度看,宁夏古代屯垦活动,虽然创造了宁夏平原发达的水利工程,但对于灌渠周边更大地区生态环境的破坏也是不可恢复的。农业开发必须与生态建设齐头并进,暂无开发价值的土地,要及时进行环境修复。至当代,在不适宜规模农业开发的区域实行退耕还林、退牧还草,以期生态的可持续发展,是基于历史经验教训考量的正确选择。

(廖周,宁夏社会科学院助理研究员)

---

①《我国物候时期的气候变化》参见:竺可桢:《中国近五千年来气候变迁的初步研究》,《新华月报》,1973 年第 6 期。

宁夏回族民间传说及其涵义

白　洁

　　鲁迅先生曾说:"乡民的本领并不亚于文豪。"①这里所说的乡民的本领,不但包括了他们改天换地,供养世界的劳作,还包括他们寓于生活的文化,其中,民间文学生长于乡民,根植于生活瑰丽而多彩。

　　宁夏回族民间传说是丝绸之路民族间文学的瑰宝。流传在宁夏大地上的回族民间传说,内容十分丰富,形式多样,构成了宁夏民间文学乃至整个丝绸之路民间文学的重要内容。

　　宁夏回汉各族人民勤劳勇敢,富于艺术想象,民间传说极其丰富。回族民间传说因其浓郁的宗教色彩和特殊风俗而独树一帜。

一、宁夏回族民间传说的分类

　　传说与神话不同,神话的虚幻色彩较浓,人物多为虚构,而传说现实性强,往往以真实的历史人物或事件为背景,主人公是人,场景的设置也是具体的某一个地方,取材于最普通老百姓的日常生活,具有极强的社会意义。

　　回民族民间传说分布在宁夏、甘肃、云南等回族聚居区,民间传说的类型可以根据内容进行分类。

　　1.回族起源的传说

　　关于回族的起源,有《回回原来》、《回回的来历》、《回回的得名》、《人祖阿丹》、《回汉自古是亲戚》等。在这些民间传说中,有关回族祖先的来历的,如《人祖阿丹》

---

　　①鲁迅:《鲁迅全集》(第 5 卷).人民文学出版社,1957。

是这样讲的,在天地混沌之时,有一男一女,男的叫阿丹,女的叫夏娃,他俩在仙果园游转时,闻到了一阵奇香,阿丹高兴地随手摘了两个香喷喷的麦果,夏娃张口要吃,谁知囫囵掉进了肚子里,阿丹刚咬了一口,还没咽下去,就被发现了。天仙规定是不能乱吃东西的,于是,阿丹和夏娃犯了天规,被"安拉"贬降到人间。阿丹和夏娃在黑漫漫的人间向上天诵经祈祷,感动了万能的"安拉",仁慈的真主降下了"口唤",顿时天地开裂,人间出现了光明。于是,他们每天祈祷,每次祈祷前都要洗净双手和双脚,并漱口。又过了五百年。"安拉"降下"口唤"饶恕了他们,后来他们结为夫妻,繁衍后代,勤劳耕作,从此,人间像天堂一样兴旺起来。①回族全民信仰伊斯兰教,《古兰经》是包括回族在内的伊斯兰教民的最高经典,他们听从真主的"口唤",是真主让他们迷途知返,来到美好的人间。因此,他们日日诵经祈祷,感谢真主给他们的一切。

在《回回原来》中,将时间设定在唐朝,而这一时期正是中西交融的繁荣期,也是中华多民族交融时期,丝绸之路因中西交流的繁荣而快速拓展,回族在中西交融中快速成长。传说这样讲到,有一日,唐朝天子梦一缠头,追逐妖怪,闯入宫门,醒后惊疑,不知何兆,次日,召大臣问之,有圆梦官奏到:缠头系西域之回回,道高德厚,而怪物入宫,是宫中有妖气,只有请回回,才可以驱逐妖怪。天子依大臣所言,遣大臣石名堂携旨往西域谒回王,回王遣国中有才学者三人,历尽辛苦来到中国,行至中途,有二人水土不服而死,仅剩噶心一人来到了中国。噶心诵《古兰经》帮天子驱逐了妖怪。天子大悦,选唐兵三千移至西域,换回兵三千,到中国陪伴缠头,这三千回回在中国生育成家,即今中国回教徒之祖先也。②"唐朝政府袭设鸿胪寺,负责接待蕃使朝会、进献、吉凶吊祭之仪,以及给赐、迎送等涉外事务。另设礼宾院负责飨宴外国使臣,同时为他们提供寓所……他们不仅得到皇帝的接见,更有丰厚的赏赐或回赐,有的还被授予唐朝官职,甚至被劝留于京城。"③传说与历史互证,回族在唐朝,商贾众多,政府为他们的生活等提供了方便。

2.宁夏回族人物传说

宁夏回族传说是以回族人物为中心,讲述他们在生产生活中的事迹,传奇色

---

① ② 李树江主编:《回族民间传说故事丛书》,宁夏人民出版社,2000。
③ 邱树森:《中国回族史》(上),宁夏人民出版社,1996。

彩较浓。有《马鸿逵吹灯》、《曼苏尔》等。

马鸿逵,子少云,1933年正式就任宁夏省主席。有关他的传说有很多。《马鸿逵吹灯》讲述了马鸿逵不知电灯该怎么关,用嘴吹了一夜的故事。故事紧凑而丰满,马鸿逵的形象跃然纸上。《绑菩萨》讲了马鸿逵来到宁夏平罗县城的玉皇阁将寺院里供奉的菩萨打烂了的故事。①在这些故事中,马鸿逵骄横无礼。人们总说,历史是文人撰写的,但传说却实实在在是在乡野中传播的,不管历史人物怎样改变了世界,但他们的一言一行却是真实的活在百姓心中的。从传说可以看出,马鸿逵这样在宁夏极有地方影响力的人物,在人们的口口相传中,是骄横而愚蠢的。

《曼苏尔》是流行在宁夏地区非常广的一个爱情故事,讲述了曼苏尔与龙王的三公主相爱却被财主杜拉西陷害,最后,财主和他的儿子死了,曼苏尔和公主过上了幸福的生活。故事中,曼苏尔与财主斗智斗勇,充满了勇气。整个故事意趣盎然,玄机重重却又峰回路转,故事反映了老百姓面对生活的种种困难,不放弃,面对爱情,向往而执著,而大团圆的结果蕴含着每个人对美好生活的憧憬。②

3.地方风物传说

宁夏回民民间传说中,地方风物传说具有浓郁的回族风情,这些传说附丽于具体的风物,记录了宁夏回族人民的生产、生活以及风俗习惯等,有《固原大寺飞云南》、《清真寺的宝窗》、《北塔的拱北》、《和尚坟与拱北》、《黄河的传说》,等等。

清真寺是穆斯林举行礼拜、穆斯林举行宗教功课、举办宗教教育和宣教等活动的中心场所。《固原大寺飞云南》讲的是固原城小南寺巷靠近东口处,巷的北面曾经有一个方圆一亩多的大坑,当地人都叫大炕沿。这个大坑是什么来历呢?同治以前,回民还在城里住,这个地方有一座清真寺,同治回民起义后,陕西回民被迫离开秦川,边战边被退到了固原,官员挑起了回汉纷争,把原来住在城里的回民都赶出了城,城里的清真寺没人住了,镇守固原的王州官让守城的士兵住进了清真寺,有一个小兵把一吊猪肉挂在清真寺房梁上,就发生了一件怪事,到了五月二十二日,小南寺巷清真寺红光一闪,飞腾而起,立时无影无踪,寺的原址上就留下了一个很大的深坑,而在千里之外的云南昆阳县的一个河湾前,清真寺石碑墙上明

---

①《中国民间故事集成·宁夏卷》,中国ISBN中心,1999。
②李树江主编:《回族民间传说故事丛书》,宁夏人民出版社。

白刻写着"甘肃省原固原州,乾隆三十二年四月修"。①这个传说讲述了固原清真寺不见的原因和去向,很具有传奇性。

"拱北"是阿拉伯语的音译,原意为"圆拱形的建筑物"。回族将有影响的伊斯兰教人士的坟墓称为"拱北"。《北搭的拱北》讲的是银川北塔的来历。故事讲的是有一位回族老人来到了北塔,北塔的住持与这位回族老汉很是投机,成为好友,后来回族老人走别处了,再没有回北塔来。有一天,北塔住持做了一个梦,梦见了这个回族老人。老人告诉他,这里即将发一场大水,整个寺院都要被水淹,到时登到浮图之顶即可免灾。住持记住了这些话。后来,大水真的来了,住持带着大家登到塔顶,才免了一场灾祸,突然,住持看到在大水之中有一个小岛,小岛上站着一个穿着绿袍,头戴白帽,手持汤瓶的人,原来,他就是住持一直思念的回族老人,老人帮着退了水,北塔周围的水成了一片湖水,寺院仍然完好,后来,北塔寺的住持为了感激这位老人,在湖中小岛修了一个拱北碑。②

4.风俗习惯传说

回族的风俗习惯,一方面,他们是信仰伊斯兰教的,如东乡族、撒拉族、维吾尔族一样,遵从伊斯兰教所规定的,另一方面,由于回族是在汉族占多数的多民族、多文化的土壤和气氛中逐渐形成、发展起来的民族,所以又汲取融合了所在环境的文化因素,形成了自己独特的风俗习惯。《古尔邦节的传说》、《鸽子和封斋》、《回族为啥不喝酒》、《六瓣顶尖帽和山羊胡须的来历》等传说充满了回族伊斯兰特点。

回族全民信仰伊斯兰教,千百年来,他们遵从教义,不喝酒不抽烟不赌博,为什么不喝酒呢?《回民为啥不喝酒》向人们生动地阐释这个风俗习惯:在回历三年时穆圣的二女儿嫁给了奥斯曼,同一年,穆圣与孀妇哈福赛结了婚,这一年被称为"双喜"年,于是,教徒们都尽情庆贺,喝了很多的酒。穆圣发现,人们一喝酒,就不分尊卑大小,个个胡言乱语,没了分寸,甚至在做礼拜时都醉话连篇。第二天,有人报告说有几个穆斯林酒醉之后还杀了战争中归信的俘虏,这严重违反了穆圣善待俘虏的教导,使穆圣很震惊,于是,穆圣向真主祈求昭示,真主答应了穆圣的祈祷,降谕了《古兰经·宴席章》,穆圣获悉真主的昭示,下令戒酒,因此伊斯兰教于教历

---

①②《中国民间故事集成·宁夏卷》,中国 ISBN 中心,1999。

三年至今与酒绝缘。①

二、宁夏回族民间传说的特征及涵义

1.宁夏回族民间传说的特征

宁夏回族民间传说具有强烈的地域性和民族性,这些民间传说以口口相传的形式世世代代传承下来,与回族神话共同成为宁夏回族文学的源头。

民族性是中国各少数民族民间文学的所具备共同特征,回族因其所具有的伊斯兰教特征和历史传统以及生产生活方式而流传下来的民间传说赋予了特殊的表现内容。回族的风俗习惯、宗教信仰、道德观念、服饰饮食与伊斯兰教息息相关,文化传统等在回族民族传说中多有表现。《回回的得名》、《回族结婚追马的来历》、《回族习俗传说》、《古尔邦节》等充分体现了这一点。历史人物的传说,有《世界上最早成为穆斯林的人》、《田五的纸人纸马》、《马鸿逵吹灯》等,还有《糜子田边的奇兵》这样有关西征红军在宁夏的传说。

宁夏回族民间传说有其独特的语言。回族使用汉语,但在讲述故事时,经常使用"安拉"、"口唤"、"邦达"、"主麻"等具有伊斯兰教特点的语言,也使用宁夏地区使用的方言"红格丢丢"、"耍悬悬"、"猴得很"、"发了贼"等。整个故事听起来,具有浓郁的民族风格和地方特色。

地域性也是每个民族共同的特点。宁夏地处中国西北内陆的黄河中上游,东邻陕西省,北接内蒙古自治区,南与甘肃省接壤,总面积 6.6 万多平方公里,其中,引黄灌区占 41%,南部山区占 59%。六盘山与贺兰山矗立在南北,黄河从宁夏穿境而过,是著名的"塞上江南"。宁夏回汉各民族生活于斯,相互交融,具有多元文化交融的特点,体现在回族民间传说中,经常会出现回汉民族和睦相处、共同与自然搏斗的场景,如《和尚坟与拱北》、《北塔的拱北》等。

2.宁夏回族民间传说的涵义

历史性。传说是各民族的"口传历史",在口头创作和流传的过程中,宁夏回族民间传说也会向人们解说回回民族的由来,回回民族的英雄人物,表达了对祖先

---

① 《中国民间故事集成·宁夏卷》,中国 ISBN 中心,1999。

和英雄的崇敬之情,如《灵州回回的传说》、《郑和的传说》、《杜文秀的传说》等等。灵州是现在宁夏吴忠市,《灵州回回的传说》向人们讲述了灵州回回的来历:唐玄宗时期,安禄山造反,郭子仪向回纥人借兵打败了安禄山,回纥人在战争中损失惨重,只剩下了三个人,唐王爱惜他们,让他们长住长安城,并赐以高官厚禄,这三个人后来在长安娶了亲,留了下来。后来,唐玄宗死了,新皇帝把他们的功劳都忘了,对他们也不热心了,这三个人就把家安在了灵州,从此他们在这儿扎下根来,人们叫他们"灵州回回"。①

宁夏民间传说与全国各地的民间传说一样,在流传的过程中都有变异性的特点,这与回族人口的流动和回族所处环境的文化有关。回族是中国分布最广的少数民族,宁夏是全国回族人口最多的地区。回族人口约占自治区总人口的1/3,占全国回族人口的1/5。宁夏境内还有汉族、满族、保安族等。回族、保安族等信仰伊斯兰教,汉族中的部分群众信仰佛教、基督教、道教、天主教等。在因战争和灾荒的迁徙中,宁夏回族的民间传说也产生了变异。这种变异有在口口流传过程中加工和将不同人物集中到一个已成型的人物身上两种。

一是对原有的传说进一步加工。《固原大寺飞云南》和西吉县城东大寺殿墙上的民间彩绘互有加工。大寺殿墙上的《云南飞来寺历史说明》中,真主因见流落到云南的陕西回民无寺无院,将固原大寺移至云南,名曰"飞来寺"。这样的巧合,在各民族的传说中都有见到,具有极强的传奇特征。

二是"箭垛式"加工。所谓"箭垛式"加工,是指将很多事迹集中到一个人身上,如汉族的鲁班、包公等,是人物传说的代表人物。宁夏回族民间传说中,聪明的阿卜杜、巧媳妇的传说等是这方面的代表。《审石头》中的伊玛目,是一个清官的代表,有关他的故事,在宁夏地区流传很广。他审石头的故事,在汉族的清官代表包拯的故事异曲同工,有关他的故事,如《验尸》等都是将人们心中所认可的清官的事迹附着到他身上,寄托了人们对于"清官"的渴望,也使这一的性格更加丰富,形象更加光彩照人。

(白洁,宁夏社会科学院研究馆员)

---

①李树江主编:《回族民间传说故事丛书》,宁夏人民出版社,2000。

宁夏乡村古今地名探析

张玉梅

　　地名是人类社会发展的产物,是人类对地球上具有特定方位、特定范围的地理实体所赋予的语言文字代号。由于自然条件、经济、文化及发展历史的不同,地名具有明显的区域差异,形成独特的地名景观。因此,地名往往能反映该地区自然、经济、政治、文化等的历史状况。地名的产生有其自身的规律性,一般是先有自然地理景观名、军事设施名、民族聚落名,然后才有村民聚落名、人工建筑和人文地名。村民聚落名一般由点到面、由小到大、由简后繁、先雅后俗。总之,一个地方的名称,不管山河、堡寨、街巷、村落,有自古沿袭相传的,由当时定名的,也有因时演变的,但历代的政治、风俗、礼法、典章总虚虚实实地蕴涵在其中。或与当地的地形、外貌、风物等自然条件关联,或与当时的人事沿革、思想信仰等有关。

　　因此,阐述地名的起源、演变以及与地名相关的人文、自然、历史等概况,探寻地名所包含的这些内容具有重要意义,对宁夏地区地名探究也是一件很有价值的事情。

一、历史遗留地名

　　乡村地名军事要素包括长城、墩、堡、边壕、寨、营等要素,军事设施易于保存且标志性强,堡、墩为军事地名中比重最大的两个要素。以堡命名的聚落因先前军队在平坦之处筑城堡御敌,而后慢慢有人口居住,遂演变成居住地;烽火墩修建在地势较高之处，从远处便可见，具有较强的标志性，附近的聚落便以此为名①。

军事设施对于聚落具有示范作用，历史上长期受战乱影响，社会不稳定，为保护自身生命财产，人们对聚落也模仿城堡筑城围之，形成了众多的民间聚落的堡子，并以此为聚落名称，这也是军事对于聚落地名的影响。以军事要塞、军事设施命名的地名较早，如古城"浑怀障"（"浑怀"是自然形态，"障"是军事建筑）。今银川市辖域为明代九边重镇之一的宁夏镇属地，在宁夏卫等五卫辖区内，共有屯堡30余座，其名称大多沿用至今。该时期所筑堡寨，以屯长姓名为堡名。如贺兰县的丁义、李纲（今名立岗）、常信、虞祥、徐合、桂文、洪广、桃福（今姚伏）、周成（今周城）、杨和、金贵、潘昶、李俊等等堡；平罗县的高荣等堡。以军事性质得名的屯堡由镇北堡、镇河堡、平羌堡（今平吉堡）、靖夷堡（今名靖夷堡）等。平罗是明朝西境的国防前哨，东、西、北三面临敌，因而在关净要道筑了一些堡寨，经常驻军守御，这些堡寨是以军威镇守之以命名的，如镇朔、威镇、惠威等堡。

另据《朔方道志》记载："平罗属查汉托护地方，滩地极多，惟苦无水，屡请修渠，雍正四年（公元1726年）发帑（当时发来白银十六万两）命通智来宁督修"。工部侍郎通智到宁夏后，会同督臣岳钟琪，将青铜峡以下至平罗境内的黄河西岸地势，进行了详细踏勘，由宁夏道单畴书协助，于当年秋动工开惠农、昌润二渠。雍正七年（公元1926年）夏，全部竣工。在大渠东筑长堤三百二十余里，以防黄河泛涨冲刷渠堤。在大渠西疏通西河子旧淤三百五十余里，以排唐、汉两渠余水和群湖积水。筑宝丰、新曲两县城，从固原、灵州、中卫、宁夏、宁朔等地招民垦种查汉托护滩地。当时奏请发来白银十五万两、给移民建房，置耕畜农具等。另外，当时宁夏的民夫挖渠时，是用铁锹运土的，转运一锹土要经数人之手，才能转运到渠边上。后来智通创用背斗背运，工效猛为提高，节省了大量人力和时间，减轻了民夫的苦劳，为保证岁修工程质量，特采用大石，刻"准底"字样埋于惠农、昌润二渠各测水点处，让每年春工必须挖见此石，才算达到岁修标准。后来唐汉等渠都效仿埋了"准底"石。这样一来，各干渠的岁修工程，都能达到质量标准。由于侍郎通智对工程认真负责，善于调查研究，考虑周密，做了很多有益于人民的事，这在封建社会里确

①王荣等：《地域研究与开发》，第33卷第1期，2014年2月（153—158）。

是一位好官。人们因感其功德,所以在惠农渠流域建堡建桥时都冠以"通"字,以作纪念。如贺兰县的通宁、通昶、通朔、通贵、通吉、通义等堡。平罗县的通福(今通伏)、通成(今通成)、通平、通惠、通润等堡。又如贺兰县的通宁、通朔、通和、通泰、通春、通贵、通昶、通吉、通义等桥,平罗县的通福、通成、通平、通润(今黄渠桥)等桥。这些名称县大多成为当地乡镇、村落名。盐池县在历史上为农耕民族与游牧部落争夺的重要战场,修建军事设施、推行防御政策为数代统治者所提倡,明清时期尤甚。历史遗留下来的军事、政治地名是这一政治军事中心地的传承的具体体现,军事地名主要集中在明清及抗战时期,如盐池县 2003 年区划调整之前有柳杨堡、惠安堡、萌城 3 个乡镇为军事类地名。

此外,诸如位于银川市城区东 12 公里、郊区掌镇乡境内的镇河堡。明代《嘉靖宁夏新志》载:"每东黄河冰结,套虏乘夜长驱直抵永通桥,俟侵晨人畜出城,潜掠而还……迄嘉靖十五年,有晏海湖之失。十七年,都御史吴铠始委都指挥吕仲良城之,人以为便"。以镇守黄河之义得名。双城门(因城楼下设双门而得名)、陈家寨(民国年间,陈氏兄弟在今宁夏医学院及宁夏军区城区干部修养所筑寨聚居而得名);西花园(传为清代宁夏副都统、民国宁夏将军常连得别墅,推其处新满城之西而得名。又称将军楼);固原县城北部的三营镇,原名万家川。因明孝宗弘治元年,为御防火筛人(北方部族名)南扰关中,设固原三边总制府,并从固原府城向北,依次修筑了头营至八营等堡寨,县三营镇址位于第三营寨,古名三营。固原县城南部的什字路镇,因驻地在 312 国道、银平公路与华什公路的十字路口而得名。

二、因水及水利设施而得名

宁夏乡村中,有很多堡名是以其境内的渠名、闸名而命名的。如银川市郊区大新、红花、良田乡都以渠得名,永固乡则以桥得名;处在渠道转弯处的村落多称"湾",如吴家湾子、柯家湾子、花牛湾、泉子湾等,均分布在不同台地和平原川地,反映出境地地形不整,是曲曲之地;靠近湖泊的村落则以湖泊名为专名,如西湖农场、夹马湖庄、大浪湖庄等;靠近渠首、渠尾的村落则称"渠口"、"稍"、如新渠口庄、双渠口、良渠稍、王家稍子等;在河、渠水淤而成滩地上的村落则称"滩",如向家滩、沙滩庄、赵家沙滩等;靠近桥、闸的村落多以桥、闸名为专名,如下闸桥庄、永通桥庄、八里桥庄、三闸庄等。在惠农、昌润等渠流域,堡名因境内的渠名、闸名而命名的如交济、六中、宝闸、南长渠、北长渠、东永惠、西永惠、正闸、双渠等堡和北长渠等寨子。另外,沿河堡、西和堡是因靠西河而得名。六羊堡是靠六羊河而得名。沿堤堡是因地处惠农渠和官四渠之中而得名。渠阳堡是因地处昌润渠之南而得名。渠口堡是因永惠、永润、西官、东官等渠在该处开口而得名。惠北堡是因位于通惠堡之北而得名。陶乐县以滩命名的有县境东南部台地上的什拉滩和分布在平原川地中的南滩、马太沟滩、中夹滩和红崖子乡的中滩等,反映出境地是近临大河之地。另有诸如陶乐县境东部鄂尔多斯台地、毛乌素沙地地质条件较差,资源比较贫乏,沙土中含水量很小,地下水缺乏,因而因水命名的地方多产生于此,如县境南部的深井、机井、双眼井、三眼井等,境地中部的庙庙湖、南泉、北泉等,这些地名均是以井、湖、泉的情况命名的,另外还有苦水沟、甘泉、甜水井等以水的质量命名的村落。

三、因地形、人工建筑及物产而形成的地名

宁夏乡村中,有的以山地为标志,以便于开展生产、交流活动,也以其命名。大块平坦的地形部位是人们生活、生产、居住的首选。从有的村落名称可以显示其所处自然环境的地形地貌、相对位置、土地类型及资源利用等方面的许多特征,在土梁、土岗及洼涝地的村落多称"梁"、"岗"、"洼",如南梁农场、小梁子、闻家岗子、杨家岗子、马家洼、洼涝庄等;还有一些村落以寺、庙、台、墩等人口建筑得名,其中一些地名蕴涵了百姓对平安、顺利的祈求。这些宗教信仰也反映到聚落地名之中,如盐池"太平庙"因过去此处建有一座名为太平庙的庙宇,后成村名;"玉皇庙"因村旁有座玉皇庙旧址得名。再如银川大庙(因清代寺庙福宁寺俗称大庙而得名)、舟塔(中宁县城西,因境内有明代所建舟塔寺而得名)、关帝大队(因关帝大队附近曾有关帝庙而得名)、石空(中宁县城西北部,因双龙山下有唐代始建的石崆寺石窟而得名、)北寺庄、大寺庄、烟村墩、张家墩、高家闸墩(因西夏时李王渠经此设高家闸得名)、五里台、杨显台、芦花台、东华(中宁县城东部,因境内有清顺治年间在宁安堡东十华里处建有东华寺而得名)等;清代因民间多动乱,乡民多于村落四周筑土墙,此类聚落俗称"寨子",今双寨子、马家寨、杨家寨子等由此得名;还有的村落

由一小聚落为中心,周围乡民依附于此建寨聚居,逐渐形成有一定规模的团体聚落,俗称"团庄",今王家团庄、夏家团庄、中团庄等皆因此得名。部分村落冠以物产或植物为名,如位于中宁县县城的圆枣村,因所在地生产红枣而得名,如位于陶乐的甘草坑、酸枣子坡、笈笈沟、红柳沟、冬青梁等。因羊圈而得名的聚落地名在盐池县广泛分布,其形成之初是因为在此地牧羊设有牧点、羊场,而后居住人口慢慢增多而形成聚落。最初定居者常以姓氏与圈复合而形成地名,如高家圈因高姓大户在清朝末年在此设羊场,后称高家圈;牛圈坑相传清光绪年间此地杂草丛生,草原茂盛,草质优良,地形为四周山梁,中间低洼似坑,人们在此养牛,后渐成村落,沿用原名。

四、以姓氏形成的地名

宁夏乡村地名的产生是源于一种或几种地理要素,当新的地理要素以强势作用在人们的意识起作用时,地名就可能随主观意愿而发生变化或变迁,反映新的地理要素。冠以姓氏为名的地名大部分产生于清末民国初期,以最先落居的居民村落名称以姓氏为专名的最多,如张家庄、李家庄、马家寨等。据统计,此类名称占全部村落明60%以上。诸如位于中卫市的"拓跋寨",是由沙坡头旅游产业集团投资建设的党项民俗村——拓跋寨。村名多数姓拓,有西夏学专家考证是蒙元军队灭了西夏国后,西夏党项贵族拓跋一支逃难至此,隐姓埋名留下的遗民,寨名也因此得名。中宁县城西北的康滩,系黄河冲积平原,很早以前,姓康的人在这里开荒造田,称为"康家滩",简称康滩沿用至今。位于盐池县境内的徐大梁,原名闫记大梁,1951年北窑子徐全福搬迁到此建村得名,地名所处的自然环境并没有明显的变化,山梁还是原来的特征,由于人为主观因素造成了地名的变更。

五、人口迁移与区域开发

第三为政府组织的县域内移民。吊庄移民地名特点为按照序数命名,或以迁出地行政区域首字+新复合而成,如盐池境内萌新因由萌城搬迁吊庄移民组成而得名,大新由大水坑移民吊庄搬迁组成而得名①。吴忠市近年移民中的同进村、同兴村、同利村、同德村等均是代表迁出地为同心和新赋予的字共同组成。

小结

地名的产生受自然环境和历史条件的制约,而历史离不开时间,地理离不开位置或空间,而口头和书面称之为地名。任何一个横断面的地名都是在一定自然条件、历史时间、空间制约下产生的。社会生产、生活方式及政治文化都给地名以深刻的影响。任何一个地名都是历史的产物,反映出特定区域的社会历史特征。很多地名是对自然界的粗犷描述,虽不等于景观实体,但人们在开始认识自然环境的时候,地名是认识地理事物的初级表达形式。地名可以分析研究一个聚落、城镇等,更可以研究古代地理环境。宁夏各种不同的地域,因为自然环境与人文现象的不同,常常具有不同的特性,这种特性常常反映在地名上面,使地名也具有类似的特性。在宁夏既可以用自然地域的特性说明地名的特征,也可以用地名的特性说明地域文化特征,即自然、历史和人文文化深深地融入在一起,彼此不可分割,成为自然人化、人化自然紧密结合的结晶。

(张玉梅,宁夏社会科学院馆员)

①王荣等:《地域研究与开发》,第33卷第1期,2014年2月(153—158)。

唐代马政与固原马牧之地位

保宏彪

马作为中国古代战争中一种重要的军事资源，不但是传递情报、驮运给养的重要工具，而且是冲锋陷阵、快速奔袭的主要力量，备受各方重视。"马者，兵之用也，……出师之要，全资马力。"[1]正因为马匹对战争胜负与国家安全具有决定性影响，所以唐朝自创立之初就高度关注战马的获得与使用。唐朝不但通过强大而迅猛的骑兵建立了统一帝国，而且在马匹繁育与管理过程中形成了一套严密合理、行之有效的制度体系，通过在适宜兴办畜牧业的西北地区大力发展国营军马基地等举措发展形成了独具特色的唐代马政，原州因其特殊的地理位置占据了显赫地位。

一、唐代对马匹的重视与固原监牧

为了巩固漠北防线，隋朝在适宜畜牧的西北地区大兴马牧。地处黄土高原六盘山北麓清水河畔的原州草场广阔，专门向周边驻军提供战马。隋末农民战争爆发后，原州马牧遭到严重破坏。大业九年（613年）正月，"灵武白榆娑称'奴贼'，劫掠牧马，北连突厥，陇右多被其患。遣将军范贵讨之，连年不能克"[2]。白榆娑、梁师都和突厥在南下侵袭过程中对原州地区的隋代牧马进行了大肆掠夺，造成大量马匹流失与死亡。

---

[1]司马光：《资治通鉴》，中华书局，1956年，第6388页。
[2]魏徵：《隋书》，中华书局，1973年，第84页。

　　在群雄割据、征战不息的隋末乱局中,为防范隋朝的军事打击和快速奔袭夺取关中,富有战略眼光的李渊高度重视马匹的获得,迫切需要大量战马充作军用。晋阳起兵后,李渊通过向突厥称臣获得了始毕可汗使臣康稍利送来的两千匹战马①。据《大唐创业起居注》记载:"裴寂对高祖曰:'且今士众已集,所乏者马。蕃人未是急需,胡马待之如渴。'"突厥逼近太原后,李渊告诫设伏邀击的康达"待突厥过尽抄其马群,拟充军用"。李世民充分认识到战马的极端重要性,十分强调骑兵的快速奔袭与迅速掩杀之效。"(武德九年)上(太宗)尝言:'吾自少经略四方,颇知用兵之要,每观敌陈,则知其强弱,常以吾弱当其强,强当其弱。彼乘吾弱,逐奔不过数十百步,吾乘其弱,必出其阵后反击之,无不溃败,所以取胜,多在此也。'"②著名学者汪籛在分析唐初骑兵优势后指出,"盖出诸敌人阵后或由侧面迂回或由正面直突,其所恃者,乃速度甚大与威力极猛之骑兵,然则此种战术之能利用与否,端视其军中骑兵之质量而定,固甚明也。此唐军之所以能竞胜隋末北方群雄者"③。陈寅恪非常重视马在古代历史上的作用:"骑马之技术本有胡人发明。其在军队中有侦察敌情及冲陷敌阵两种最大功用。实兼今日之飞机、坦克两者之效力,不仅骑兵运动迅速灵便,远胜于步卒也。"④大量战马既为唐朝统一全国奠定了雄厚的军事基础,更为唐代马政的建立创造了前提。

　　唐太宗即位后将战马的重要性提到了新的高度,开始有意在隋朝马牧基础上建立科学合理、因地制宜的唐代马政,逐步形成了一套全面具体、行之有效的马匹繁育与管理制度。面对隋末以来的牲畜流失和马牧废弛等不利局面,唐朝将恢复和发展畜牧业经济提上了重要议事日程,对马匹的引进、繁衍、供给与分配等环节高度重视,积极制定政策措施加以落实。"唐之初起,得突厥马两千匹,又得隋马三千于赤岸泽,徙之陇右,监牧之制始于此。"⑤唐朝以突厥马和隋马为基础,在太宗时期建立了完整的马政系统,由国家主导、主管与主办养马事业,在水草丰美的陇

①刘昫:《旧唐书》,中华书局,1975 年,第 3 页。

②司马光:《资治通鉴》,中华书局,1956 年,第 6022 页。

③唐长孺、吴宗国、梁太济、宋家钰、席康元编:《汪籛隋唐史论稿》,中国社会科学出版社,1981 年,226 页。

④陈寅恪:《金明馆丛稿初编》,生活·读书·新知三联书店,2001 年,第 302 页。

⑤欧阳修、宋祁:《新唐书》,中华书局,1975 年,第 1337 页。

右地区积极发展大规模国营牧场。唐朝能够获得"秦汉以来唐马盛"之美誉，"盖以监牧之置得其地，而监牧之官得其人，而牧养之有其法也。"①唐朝马政之所以将牧场集中在辽阔的陇右地区，首先是看重了这里地处高寒、水甘草软的得天独厚的放牧条件，将其作为发展畜牧业的理想地区。因为这里自古以来就有"陇右百姓，羊马是资"之说，因而成为唐代官马的主要畜牧区。

唐代国营牧场横亘陇右，包括今甘肃全境及宁夏南部地区，放牧条件优越的原州地区是其核心地带。原州不但是关陇集团盘踞的重要地区，还是北抗突厥、西御吐谷浑的战略要地。"左控五原，右带兰会，黄流绕北，崆峒阻南，据八郡之肩背，绾三镇之要膂"②，这是古人对其地理形势的客观评价。隋朝统一全国后，大业三年（607年）废除原州总管府，设置平凉郡。武德元年（618年）复置原州，贞观五年（631年）置原州中都督府，天宝元年（742年）改为平凉郡。原州辖境在今宁夏固原市附近，牧区马匹隶属陇右牧马监，是西北官营牧场的基础，在唐朝马牧中占有重要地位。"贞观中自京师东赤岸泽移马牧于秦、渭二州之北，会州之南，兰州狄道县之西，置监牧使以掌其事。仍以原州刺史为都监牧使，以管四使。南使在原州西南一百八十里，西使在临洮军西二百二十里，北使寄理原州城内，东宫使寄理原州城内。"③南使设在原州西南180里，地接秦州界。西使在临洮军西220里，据《新唐书·地理志》记载："临洮军，久视元年置，宝应元年没吐蕃。"④临洮军位于临州，临州乃"天宝三载析金城郡之狄道县置"⑤，可见临洮军确实位于兰州金城郡，所以《元和郡县图志》认为牧监在"兰州狄道县之西"。按照"在临洮军西二百二十里"的方位计算，西使已到河州地界，与实情不符。杨际平指出，"秦、渭、会、原诸州皆在兰州狄道之东，故知此'西'字当为'东'字之误"⑥，这片监牧地以原州为中心，东西约六百里，南北约四百里，约为今甘肃省平凉、静宁、崇信、隆德及宁夏固原等县市，这是监牧设置的初始阶段。

---

① 欧阳修，宋祁：《新唐书》，中华书局，1956年，第1338页。
② 顾祖禹：《读史方舆纪要》，中华书局，2005年，第3768页。
③ 李吉甫：《元和郡县图志》，中华书局，1983年，第59页。
④ 欧阳修，宋祁：《新唐书》，中华书局，1975年，第1042页。
⑤ 欧阳修，宋祁：《新唐书》，中华书局，1975年，第1042页。
⑥ 杨际平：《中国经济通史》（隋唐五代卷），2002年，第465页。

此后，监牧地在原州基础上有所扩大。据张说《大唐开元十三年陇右监牧颂德碑》所载："跨陇西、金城、平凉、天水四郡之地，幅员千里。"①除平凉郡（原州）外，其余三郡也都隶属陇右道。陇西郡即渭州，约为今甘肃省陇西、漳县、武山、渭源、通渭、定西等县；金城郡即兰州，约为今甘肃兰州、榆中、临洮、皋兰、永登等县市；天水郡即秦州，约为今甘肃省天水、甘谷、清水、秦安、庄浪、张家川回族自治县等县市。除兰州金城郡有部分属黄河以西外，其余均在黄河以东的陇山东西一带，幅员广至千里。

唐初马牧地的地理分布与古代传统畜牧基地重合，秦国先祖非子为周孝王牧马的"千渭之间"和汉代牧师诸苑也多设于此。但是，《通典》卷二四"太仆卿"条注和《元和郡县图志》卷三"原州"条却记载贞观年间移马牧于兰、渭、原、秦四州，似乎与张说颂文中所载州郡名称不合，实则一也。考《旧唐书·地理志》，隋朝的金城郡即开元时的兰州，辖金城、狄道、广武诸县；隋时的陇西郡即开元时的渭州，辖襄武、陇西、鄣县、渭源诸县；隋时的平凉郡开元时的原州，辖平高、平凉、百泉、萧关诸县；隋时的天水郡即开元时的秦州，辖上邽、成纪、清水、伏羌、陇城诸县。张说颂文作为文人作品，习用州郡旧称无可非议。"自贞观至麟德中，国马四十万匹，皆牧河陇。开元中，尚有二十七万，杂以牛羊等，不啻百万。置八使四十八监，占陇西、金城、平凉、天水四郡，幅员千里。自长安至陇西，置七马坊，为会计所都领。岐、陇间善水草及膏腴田，皆属七马坊，名额尽废，其地利归于节度使。"②

唐朝十分重视官马品种的改良与优化，积极通过陇右地区与周边少数民族互市或丝路"绢马贸易"获得"胡马"或"蕃马"等优质种马资源，持续改进与提升唐马质量，改良军队装备，增强战斗力。天宝年间，朔方节度使王忠嗣通过提高边境互市马匹价格的方法引进良马，积极扩大唐朝军马储备，积极改善马匹质量。"忠嗣之在朔方也，每至互市时，即高估马价以诱之，诸蕃闻之，竞来求市，来辄买之。故蕃马益少，而汉军益壮。及至河、陇，又奏请徙朔方、河东戎马九千匹以实之，其军又壮。迄于天宝末，战马蕃息。"③王忠嗣向周边游牧民族高价买马的举措既促进了

①董诰：《全唐文》卷229，中华书局，1975年。

②王溥：《唐会要》，上海古籍出版社，2006年，1545页

③刘昫：《旧唐书》，中华书局，1975年，第3201页.

朔方地区边境贸易的发展,密切了汉族与周边各族的关系,又削弱了漠北游牧民族的实力,维护了边疆稳定与繁荣,更提高了唐朝骑兵质量与战斗力,巩固了西北边防。原州自古以来就是关中通往塞外西域咽喉要道上的重要关隘和军事重镇,为古代丝绸之路东段北道上重要的交通枢纽。冷兵器时代,马匹是长途奔袭对付少数民族骑兵的必需军备物资,决定战争胜负。渴望健壮剽悍的军马以建立强大骑兵是唐朝通过"丝路贸易"引进良马的直接原因,地处丝路要道的固原因地利之便而发挥重要作用。陆上丝绸之路从固原进入宁夏,经中卫进入甘肃,最终到达西域。固原是丝绸之路东段北道的必经之地,南下直抵长安洛阳,北上可以经河西走廊通达中亚和欧洲。固原萧关古道、瓦亭等文物和近年来出土的罗马、波斯金银币,诠释了固原悠久的历史及其在古丝绸之路上的重要位置。随着丝路贸易的繁荣,大量胡商蕃客千里贩易,以马为主的畜牧业之发展也是外来物种大量入华的契机,少数民族的畜牧传统使其积累了马匹饲养与繁育技术,向唐朝贡献名马也是周边国家和部落朝贡的重要内容。周边游牧民族与唐朝沿丝绸之路通商贸易与朝贡,开辟了良种马匹的又一渠道,使唐马总能汲取新鲜血液,保持强劲的战斗力。

二、唐代马政的蓬勃发展

唐初在陇右地区建立了监牧制这一完善、高效的马政管理制度,由擅长畜牧的张万岁主管其事,通过分区饲养与集中管理相结合的方式不断调整和拓展官营牧场的规模与层次。"初,用太仆少卿张万岁领群牧。自贞观至麟德四十年间,马七十万六千,置八坊岐、豳、泾、宁间,地广千里:一曰保乐,二曰甘露,三曰南普闰,四曰北普闰,五曰岐阳,六曰太平,七曰宜禄,八曰安定。八坊之田,千二百三十顷,募民耕之,以给刍秣。"[1]因为唐朝因地制宜地利用了岐、豳、泾、宁四州的肥美水草与广阔原野繁育马匹,马匹数量大为增加。"八坊之马为四十八监,而马多地狭不能容,又析八监列布河曲丰旷之野。凡马五千为上监,三千为中监,余为下监。监皆有左、右,因地为之名。"[2]在严密的组织管理体系下,畜牧业蓬勃发展,马匹数量激

---

①欧阳修,宋祁:《新唐书》,中华书局,1956年,第1337页。
②欧阳修,宋祁:《新唐书》,中华书局,1956年,第1337页。

增,马价大跌,"方其时,天下以一缣易一马"①。为提高马牧管理水平,唐朝合理设置了国营牧场内部的官职与执掌:"其官领以太仆,其属有牧监、副监。监有丞,有主簿、直司、团官、牧尉、排马、牧长、群头,有正,有副。凡群置长一人,十五长置尉一人,岁课功,进排马。又有掌闲,调马习上。"②由太仆、牧监、副监等高级管理人员和丞、簿、牧长和牧尉等下级官吏所组成的管理系统,组织结构合理且分工明确清晰,为唐代马牧事业的蓬勃发展奠定了基础。在这一社会背景下,陇右地区的畜牧管理取得了明显成效,畜牧业经济获得了长足发展。

唐代国营牧场一改隋代以前军事色彩浓厚的特点,创造性地采取了"募民耕之,以给刍秣"的方式。陇右国营牧场实行了舍饲与野牧相结合的饲养方法,天暖草茂后将舍饲改为野牧,秋寒草枯之时再将野牧改为棚内饲养,有力保证了马匹的肥壮与成活率。牧场除在固定区域进行定点放牧外,还在周边地区圈占了一定范围的储备牧场。实际上,唐朝的国营牧场并不是单一的马匹生产基地,而是以马匹为主,兼及牛、羊、驴、驼等其他牲畜品种的综合性牧场。因此,国营畜牧基地对于调剂民间畜力耕作与运载能力发挥着重要作用,对农业劳作和丝路贸易的推动作用不言而喻。不但为国防提供了较为充足的马匹武装,而且还为农业及交通运输业和商业的发展进步提供了强大后劲,更为军民提供了丰富的畜牧产品,在一定程度上改善了当地民众的膳食结构,促进了畜牧加工业的繁荣。

唐高宗继承了重视马政的优良传统,通过多种途径大力发展养马业。除继续实行科学严密的管理制度外,还进一步建立了牧监考核与赏罚制度。按照规模将牧监划分为若干等级,委派相应级别的监督、考核人员对其管理过程进行监察。唐高宗鼓励与奖赏马匹繁育,"凡监牧孳生过分则赏"③。随着马政的蓬勃发展,原本辽阔的陇右地区出现了"地狭马众"的问题,"更析八监,布于河曲,丰旷之野,乃能容之。"④为促进官营畜牧业的迅速发展,唐朝还有意吸收了一些精于畜牧的粟特牧人为其服务⑤。原州地区自隋代以来就是粟特人聚居的重点地区,固原地区出土

①欧阳修、宋祁:《新唐书》,中华书局,1956年,第1337页。
②欧阳修、宋祁:《新唐书》,中华书局,1956年,第1337页。
③李林甫:《大唐六典》,三秦出版社,1992年,第483页。
④欧阳修、宋祁:《新唐书》,中华书局,1956年,第1543页。
⑤刘统:《唐代羁縻府州》,西北大学出版社,第68-69页。

的史姓家族墓志充分说明了这一问题，以史道德为代表的粟特马政官员为原州马牧的蓬勃发展做出了杰出贡献。

高宗晚年马政渐废，养马业一度中衰。永隆二年(681)七月，担任夏州群牧使的粟特胡人安元寿向唐高宗奏称："从调露元年(679)九月以后，至(本年)二月五日前，死失马一十八万四千九百匹、牛一万一千六百头。"[①]夏州群牧使所奏马匹死亡或流散严重的问题不是个案，在其他国营牧场也有类似反映，因而在垂拱年间出现了"马潜耗太半"的不利局面。唐玄宗即位后决意重振马政，依托自己曾任检校陇右诸牧监使的特殊经历，在对国营牧场具备一定了解的基础上主持制定了旨在恢复国营畜牧业的基本对策，任命"严察有干力"的太仆寺卿王毛仲为内外闲厩使，主管全国马政。由于措施得力和用人得当，唐代马政大有起色。开元十一年(724年)，唐玄宗颁布下旨不准随意宰杀马、驴、牛等大牲畜，保障了马匹数量的稳定增长。在这一有利背景下，唐朝军队装备的马匹数量大增，临洮军驻扎军士一万五千人，配备战马达到八千四百匹，几乎两人一匹。开元十三年(726年)，唐朝有马四十三万匹，"上之东封(泰山)，以牧马万匹从，色别为群，望之如云锦"[②]。"(天宝)十三载六月一日，陇右群牧都使奏：'臣差判官、殿中侍御史张通儒，群牧副使、平原太守郑遵意等，就群牧交点，总六十万五千六百三头匹口。马三十二万五千七百九十二匹，内二十八万八十匹驹；牛七万五千一百一十五头，内一百四十三头氂牛；驼五百六十三头，羊二十万四千一百三十四口，骡一头。'"[③]统而言之，唐前期的有效管理与合理安排造就了唐代马政的辉煌。

综上所述，唐朝在隋代马牧基础上建立了对马匹繁育与管理的有力监管，形成了一套严密合理而又行之有效的制度体系，发展形成了独具特色的"马政"，在西北地区大力发展国营军马基地。原州地区依托自身关陇腹地要冲的地理优势、水草丰美的自然条件和丝路重镇的区位优势，在唐代马政中发挥了积极作用。

（保宏彪，宁夏社会科学院助理研究员）

---

① 欧阳修，宋祁：《新唐书》，中华书局，1956年，第1542–1543页。
② 司马光：《资治通鉴》，中华书局，1956年，第7462页。
③ 王溥：《唐会要》，上海古籍出版社，2006年，1543页。

从军事设防看历史时期河西地区
战略地位的演变

黄　鑫

　　河西地区,在古代曾是丝绸之路的重要地段,东起乌鞘岭,西至敦煌,长达1000多公里。走廊以南的祁连山,终年积雪,不易翻越,以北的龙首山、合黎山及马鬃山外便是腾格里沙漠、巴丹吉林沙漠。由于得天独厚的地理位置和自然条件,以及在政治、军事上与中西交通方面所占极其重要的地位,历代中原王朝以及若干地方政权都十分重视河西地区的管辖与军事设防。

　　河西地区最早是由少数民族政权管辖的地方,后来经过长期的民族斗争与融合,逐渐归属于中原汉族封建王朝所管辖,成为各民族杂居的一个区域。正因为长期的民族融合与斗争的经历,留下了历史上中原王朝为经营该地区所修筑的军事设防遗址,如长城、烽火台,以及许多著名的关口、城堡等。

一、河西地区的早期军事设防

　　从古籍记载来看,战国以前河西地区是氐羌或羌戎的活动范围,到了战国秦汉之际,主要是月氏和乌孙,在河西地区过着游牧生活。王国维认为"周末月氏故居,盖在中国之北,其地在雁门之西北,黄河之东。战国时之月氏,当在中国正北。《史记·大宛列传》,始云月氏居敦煌祁连间,则已是秦汉间事"[1]。经过考证,月氏在河西活动的区域,是在敦煌以东直至乌鞘岭的广大地区。秦时,月氏势力强大,"控弦者可一二十万"[2],而乌孙则相对弱小。公元前177年至176年,冒顿单于击败月

---

[1]王国维:《观堂别集》卷1《月氏未徙大夏时故地考》。

[2]〔汉〕司马迁:《史记·大宛列传》,岳麓书社,2008年,第698页。

氏,在致汉文帝书中说:"罚右贤王,使之西求月氏击之。以天之福,吏卒良,马强力,以夷灭月氏,尽斩杀降下之。定楼兰、乌孙、呼揭及其旁二十六国,皆以为匈奴。诸引弓之民,并为一家。"①月氏西迁至准格尔盆地、伊犁河流域后,匈奴占据河西,《汉书·地理志》明确记载:"自武威以西,本匈奴昆邪王、休屠王地。"

汉对匈奴战争结束后,河西地区正式归并西汉王朝版图。为了加强与西域的沟通,隔断匈奴与羌人的联系,完成"断匈奴右臂"的战略目标,便在河西地区设置郡县,此外,还通过设立属国,增筑居延、休屠塞,使得河西的战略前沿地位日益突出。《汉书·武帝纪》中载:元狩二年(公元前 121 年),浑邪王降,以其地为武威、酒泉郡;元鼎六年(公元前 111 年)分置张掖、敦煌郡。《后汉书·百官志》中记载:"又置属国都尉,主蛮夷降者。中兴建武六年(30 年),省诸郡都尉,并职太守,无都试之役。省关都尉,唯边郡往往置都尉及属国都尉,稍有分县,治民比郡。"在河西可考的属国有张掖属国、张掖居延属国和酒泉属国。属国的设立,不但有利于河西地区社会的稳定,而且增加了抵抗匈奴的军事力量。增筑居延塞、休屠塞,将汉朝的防御前沿至少北移 300 余里,有效阻滞了匈奴南下,保证了酒泉、张掖等地的安全。据《汉书·西域传》及《匈奴传》等有关记载,汉武帝设立河西四郡的同时,即筑令居塞,以后又修筑了酒泉与玉门间、敦煌与盐泽间的长城,在居延,还修筑了遮虏障。

唐初平定了薛举、李轨之乱后,开始逐渐加强对西北的经营,并采取一系列措施来建立和强化河西的军事防御体系。正如陈寅恪先生所论,河陇地区"历来不独为文化交通之孔道,亦为国防军事之要区,唐代继承宇文泰关中本位政策,西北边疆本重于东北,至于玄宗之世,对于东北更取消极维持之政策,而对于西北则取积极进取之政策。"②武德二年(619 年)唐占据河西后,即以熟谙军事的秦王李世民为凉州总管,持节统领凉、甘等 9 州诸军事。不久,又以"素习边事,深悉羌胡情伪"的杨恭仁为凉州总管。武德五年(622 年),又置瓜州总管府,领瓜、西沙、肃三州,后均改为都督府。贞观二年以后,都督府专门筹办诸州的兵甲军马和负责管内城隍镇戍和粮廪。唐代沿用北周及隋朝的制度,行府兵制,先设十二卫以统关中诸府,后来又定为十六卫。在河西地区,共有 12 府,"凉州武威郡有府六,曰明威、洪池、番

---

① (汉)司马迁:《史记·匈奴列传》,岳麓书社,2008 年,第 623 页。
② 陈寅恪:《隋唐制度渊源略论稿》,生活·读书·新知三联书店,1954 年。

禾、武安、丽水、姑臧。沙州敦煌郡有府三,曰龙勒、效谷、悬泉。瓜州晋昌郡有府一,曰大黄。甘州张掖郡有府二,曰甘浚、弱水。"①其中凉州丽水府属左领军卫,沙州敦煌郡龙勒府属左领军卫、效谷府属左玉钤卫(左领军卫),甘州张掖郡弱水府属左豹韬卫(左威卫)。②设置诸折冲府以及镇、城、戍等,尤其是在景云二年(711 年)设立河西节度使,全面负责河西军务,这些措施不仅加强了对该地的统治,同时也为唐政府经营西北产生了积极的作用。

二、西夏对河西地区的军事经营

西夏以军事立国,推行"尚武重法"的治国方针。除了在河西地区设置州县,还设立了郡和府。"以肃州为蕃和郡,甘州为镇夷郡,置宣化府。"③这里的郡兼理军民,至于宣化府,则是一种管理少数民族的宣抚机关,用以妥善处理回鹘、吐蕃等少数民族事务。为了加强对各地驻军的管理和调遣,模仿宋朝"厢"、"军"建制,将全国分为左、右两厢,设十二监军司。每个监军司都立有军名,规定驻地,设都统军、副统军和监军使各一员,由党项贵族或地方豪族担任。下设指挥使、教练使、左右侍禁官等数十人,分别由党项人和汉人担任,说明其组织之严密。从十二监军司的具体分布看,设在黄河以西的,有甘州甘肃军司,瓜州西平军司黑水镇燕军司、黑山威福军司、卓罗和南军司,右厢朝顺军司等六处,约占全部监军司的 50%,其中甘州甘肃、瓜州西平两监军司的设置,正好是当年回鹘、吐蕃主要割据之地,其设防之用意是不言而喻的。

元昊建国时,有军队五十余万。这些军队的具体部署是以首都兴庆府为中心,面向四周邻国。"自河北至午腊蒻山,七万人以备契丹;河南洪州、白豹 1 安盐州、罗落、天都、惟精山等五万人,以备环、庆、镇戎、原州;左厢有州路五万人,以备郁、延、麟、府;右厢甘州路三万人,以备西蕃、回屹,贺兰驻兵五万,灵州五万人,兴州兴庆府七万人为镇守。"④为了防止河西地区少数民族的反抗,除了在甘州驻扎三

---

①《新唐书》,卷 40,《地理志四》。

②沙知:《敦煌吐鲁番文献所见唐军府名拾掇》,《敦煌学辑刊》,1998 年第 1 期。

③《西夏书事》,卷 12。

④《宋史》,卷 485,《夏国传上》。

万精兵,以防甘州回鹘之外,还在肃州驻有一些由汉人组成的军队,以防肃州吐蕃。"得汉人勇者为前军,'号撞令郎'。若脆怯无他技者,迁河外耕作,或以守肃州。"①

在西夏统治时期,虽然在东北、东南地区常与宋、辽、吐蕃发生连绵不断的战争,但是在西部地区却很少有战事。据统计,大抵在西夏有国二百年间只有"河西鞑祖攻甘州,""于阗黑汗夹攻甘、沙、肃三州","黑鞑鞑攻河西州郡"等数次局部短暂的战事。而且都是在西夏全境之内置监军司之后发生的,也就是说发生在西夏对西部有所防范的时期,因而对河西的骚扰相当有限。可见,西夏局部的统一,为河西的恢复和发展提供了相对安定的政治局势。其次,河西地区在西夏与宋、辽、金交战过程中,由于相对的安定,使它成为西夏供给前方和镇抚内部的大后方,因而受到西夏统治者的高度重视。早在建国之前,河西就成为李继迁、李德明重点发展的地区,他们曾向甘、凉等州发动了数次规模不等的战争,1028年李德明遣子元昊取甘州。《西夏书事》的作者吴广成加按语说:"灵夏右臂成矣"。1036年元昊复取凉州,吴广成再论道:"昔汉人取之号为断匈奴右臂,德明立国兴灵,不得西凉则酒泉、敦煌诸郡势不能通,故其毕世经营精神全注于此。"及至1037年,瓜沙肃甘连成一片,奄有河西而建国,"从此,用兵中原无后顾忧矣。"由此可见,河西在西夏全境中所处的重要地位。所以建国后,西夏统治者也是十分重视加强对河西地区的统治。西夏的地方行政编制,一般可分为州、县两级,但在边防要地还设有郡的建置,是高一级的机构。1037年升甘州为镇夷郡、肃州为蕃和郡,兼理军民,镇抚西陲。同时又在甘州设立了宣化府,这是一种民族宣抚机关,用它来统治吐蕃和回鹘人民。后来为了进一步加强控制措施,夏桓宗(纯佑)于天庆三年(1195年)封越王仁友之子安全为镇夷郡王,于是甘州又成为宗王的直接领地,辖于王室。安全正是凭借这个基地,培植势力,竟于十年后(1205年)"废其主纯祐自立。"凉州是河西走廊的政治、军事、经济、文化中心,所以西夏把凉州升为"西凉府",其地位仅次于首都中兴府(银川)。天赐礼盛国庆四年(1073年)西夏为防止宋兵和西蕃兵的入侵,特别整修凉州城及其附近诸寨,加强守备。有夏一代在全境内分为左右厢,共设十

---

① 《宋史》,卷485,《夏国传上》。

二监军司,统领全国的军队和防务。当时设在河西地区就有三个,即瓜州西平、甘州甘肃,黑水镇燕三个监军司(后来又有增设),古十二监军司的四分之一。

总之,西夏统治者是把河西放在一个比较重要的位置上来经营的。但是,我们也应该看到这种经营的政治军事控制色彩比较浓厚,经济内容则比较贫乏。这与汉唐在加强政治军事控制的同时,又注意移比实边、屯田升荒、积极发展农业及中西交通的经营有所不同。因此,虽然西夏统治者也重视经营河西,但由于经营政策的内容与汉唐不尽相同,是故其效果也就不尽相同。可以看作是河西有一定发展而不能有更大的发展的原因之一。也就是说,在相对安定的政治条件下,不能辅以相应的经营开发政策,结果只能使其经营的基础薄弱,从而影响总体历史的发展。

三、明清巩固对河西地区的统治

明代的河西地处前哨,"南番北房"出没无常,根据河西的特殊情况。洪武十二年(1379年)设置陕西行都指挥使司,治所初在庄浪(今甘肃永登县),二十六年徙置甘州,领有12卫,4千户所。这部分卫所属于军事系统。[1]其中,甘州左卫(治今张掖)与甘州右、中、前、后4卫同城而治,辖境包括现在的张掖市和民乐、临泽两县。肃州卫(治今酒泉市),辖境包括现在的酒泉、嘉峪关、金塔。此外,还有山丹卫(治今山丹县)、永昌卫(治今永昌县)、凉州卫(治今武威市)、镇番卫(治今民勤县)、庄浪卫(治今永登县)及镇彝所(治今高台县西北)、古浪所(治今古浪县)。

朝廷在河西建立了既能御敌又保耕战的屯堡体制,边墙、墩堡是明代军事设防体系的主要组成部分。甘肃一线之边,孤悬千余里,西控西域,南隔羌戎,北遮鞑靼、瓦剌。可是,其后哈密屡遭吐鲁番侵夺,一蹶不振;其余曲先、阿端等卫亦因遭受侵掠,先后残破,捍卫遂失。特别是亦卜剌徙居西海之后,与番族联合侵扰明边,以致陇右之间,无有宁岁,甘肃边患自此日甚一日,直至明末。

西北边防态势,总的说来,在洪武、永乐年间由于国力强盛。经常主动出击,因而边境尚称宁谧。可是自宣德以后,随着国势的逐渐由盛转衰,原来的边防线力量削弱了,致使积极防御变为消极防御,最有力的防御措施之一,就是修边墙(通称

①谷苞主编,郭厚安、李清凌编:《西北通史》(第三册),第328–329页。

长城）、墩、堡。

长城的关、塞、隘、口非常之多，是长城防守的重点。也是平时出入长城的要道。乾隆《肃州新志》记载："嘉峪关在州西七十里嘉峪山西麓，明初置。洪武五年（1372 年），冯胜下河西……筑土城，周二百二十丈。弘治七年（1494 年）闭嘉峪关。……嘉靖十八年（1539 年）尚书翟銮行边，言嘉峪关……为河西第一隘口，墙壕淤损，宜加修茸。……每五里设墩台一座，以为保障。因使挟备道李涵监筑，起于卯来泉之南，迄于野麻弯之东北，板筑甚坚，耕就不入……。"以嘉峪关为中心，长城分东、南、北三条延出，扼守此关，用以阻挡从西面玉门等地及北面黑山山口来的游牧民族的侵扰。长城的建筑与明代的军事指挥系统和防御体系是互相配合的，它们构成了一个有机的整体。

清代，在甘肃的满营驻防将军，乾隆二年（1737 年），在凉州府（属陕西，乾隆二十九年始隶甘肃）设将军 1 员，辖副都统 1 员，满洲协领 4 员，蒙古、汉军协领各 1 员，满洲佐领、防御、骁骑校各 16 员，蒙古、汉军佐领各 4 员、骁骑校各 4 员。满洲步军尉 2 员，蒙古步军尉 1 员，汉军步军尉 1 员。乾隆三十二年（1767 年）。由天津移驻凉州的兵丁，满洲八旗每旗设佐领 2 员、防御 2 员、骁骑校 2 员，除协领兼营佐领 4 员外，共设佐领 12 员；蒙古八旗每旗设佐领 1 员、防御 1 员、骁骑校 1 员，除协领兼营佐领 1 员外，共设佐领 7 员。乾隆三十八年（1773 年），考虑到凉州、庄浪驻兵数量有限，不需设立将军，凉州保留副都统 1 员驻守，原来的协领、佐领、防御、骁骑校等官全行裁汰。原先驻扎于凉州、庄浪的满洲兵移往伊犁驻防；从西安拨副都统 1 员、兵 2000 到凉州驻防。乾隆五十一年（1786 年），增设凉州佐领、防御、骁骑校各 2 员。①

在凉州驻防的满营兵额为 1510 名。马 770 匹。乾隆二年（1737 年）。在庄浪设副都统 1 员，满洲、蒙古、汉军协领各 1 员、佐领 4 员、防御各 4 员、骁骑校各 4 员，满洲步军尉 1 员。蒙古、汉军步军尉各 1 员。乾隆二十八年（1763 年），又裁撤副都统。乾隆三十七年（1772 年），裁防御、骁骑校各 4 员。乾隆三十八年（1773 年），保留庄浪城守尉 1 员，撤协领，仅存佐领、防御、骁骑校各 4 员，归凉州副都统管

---

①谷苞主编；尹伟先卷主编：《西北通史》（第四卷），兰州大学出版社，2005 年，第 139 页。

辖。乾隆五十一年(1786年),增设佐领、防御、骁骑校各1员。在庄浪驻防的满营兵额为844名,马320匹。

清代在甘肃的绿营驻防军数额较多。顺治二年(1645年),设立甘肃巡抚标有旗鼓守备1员,左右2营各设游击以下等官。下设固原镇、临巩镇、甘肃镇等处总兵官、镇标、旗鼓守备各1员,各分中、左、右、前、后5营,各设游击以下各官。设凉州协、永昌协等处副将及协标官,设镇番营、庄浪营、肃州营等处参将,设山丹营等处游击,设凉州守营及嘉峪关营等处守备。康熙二十二年(1683年),裁甘肃提督,仍设甘肃镇总兵。康熙三十年(1691年),设甘肃提督,驻甘州,分中、左、右、前、后5营,中营设副将以下等官,左、右、前、后4营各设游击以下等官,共有官员59名,马步战守兵9479名。[①]雍正三年(1725年),设安西镇总兵官(乾隆十二年改为安西提督)。五年,设西大通镇总兵官。乾隆二十九年(1764年),陕甘总督移驻兰州后,移陕甘总督标属中营中军副将以下等官随驻兰州。

四、河西战略地位演变的历史思考

自汉代以后,河西地区一直是古代中原王朝西北边防上的重地,汉唐建都长安,为解除西来少数民族统治者的威胁,确保秦陇、河西的安全是必不可少的条件之一。

首先,古代的军事设防总是同自然的地理形势紧密结合在一起。顾祖禹曾说:"欲保秦陇,必固河西,欲固河西,必斥西域。"[②]汉武帝所以进军河西,一来是要解除匈奴来自西边的威胁,二来也是为了要"断匈奴之右臂",隔绝北方游牧民族与祁连山南边羌人之间的联合,减轻后方的压力。不仅如此,占有河西这块可耕可牧的土地,还可以以此为根据地,进而向西域发展。后来少数民族虽迭有兴衰,但这种兴衰仍然没有改变。也因此,历代中原王朝都在河西修城筑塞,开屯布防。走廊北面虽有龙首山、合黎山、马鬃山等,但因相对高度略低,汉代在此修了长城。走廊南边则因有祁连山的天热屏障,因而只把守几个重要的山口,如庄浪河谷口、扁都口、当金山口等。唐代军事重心西移到天山南北路,但河西仍是防御突厥、吐蕃的

---

①谷苞、尹伟先主编:《西北通史》(第四卷),兰州大学出版社,2005年,第139–140页。

②顾祖禹:《读史方舆纪要》卷六三《甘肃镇》序言,中华书局,2005年,第2972页。

重要阵地。先后设立凉州都督府、河西节度使等重要军事机构。明代嘉峪关的设置，充分利用了自然地理条件，南依祁连山，北靠黑山，扼守南北宽约15公里的峡谷地带，该峡谷南部的讨赖河谷，又构成关防的天然屏障。嘉峪关附近烽燧、墩台纵横交错，关城东、西、南、北、东北各路共有墩台66座。嘉峪关地势天成，攻防兼备，与附近的长城、城台、城壕、烽燧等设施构成了严密的军事防御体系。

其次，不同时期，河西的军事设防反映了中原王朝的重视程度。由于河西刚刚并入中原版图，汉唐时期，无论是行政建置，还是军事设防，都表现出王朝对该地经营的重视。河西在汉唐之所以兴盛，也是同两朝在河西大力进行军事设防有关，作为古代边防重镇，驻军屯垦、移民实边也就随之而来，对于河西的开发与发展势必带来巨大的影响。西夏时期，作为少数民族政权重点经营的地区之一，其政治军事色彩较为浓厚，与汉唐相比较，经济开发与贸易发展程度较小。明清时期，统一多民族国家基本形成，朝廷在河西建立了既能御敌又保耕战的屯堡体制，推行实边民屯，边墙、墩堡成为军事设防体系的主要组成部分。

（黄鑫，宁夏社会科学院编辑）

从阿拉善盟到河西走廊的沙漠绿洲路

郭勤华

在西北地区,丝绸之路所承载的东西间政治、经济、文化的联系与交流历史悠久,尤其是各民族长期的融合和交往,开辟与形成了许多交通路道。它的具体线路在历史时期随着各民族政治势力的伸缩以及水草环境的变化而变化。绿洲丝绸之路东段北道穿越宁夏全境,草原丝绸之路亦与绿洲丝路交汇,其基本路线或自匈奴单于庭(今蒙古人民共和国首都乌兰巴托),或自突厥可汗、回纥可汗牙帐(今蒙古人民共和国哈尔合林)西行,沿着杭爱山脉南麓、阿尔泰山北麓西北上,经科布多谷地南下,或经准噶尔盆地边缘到今吉木萨尔一带,或经斋桑泊、伊犁河流域西行到中亚各地。草原丝绸之路向西南延伸,与绿洲丝绸之路相关联。从阿拉善盟到河西走廊的古代沙漠绿洲路,就是其中的重要组成部分,学人留心者尚少。

一、阿拉善盟与河西走廊

阿拉善盟地处内蒙古高原西部,也称阿拉善盟草原,它东邻贺兰山及河套平原的西沿,西依北山(马鬃山),南与河西走廊地区接壤,北与中蒙边界相连。境内大部分被沙漠占据,著名的有乌兰布和、腾格里和巴丹吉林三大沙漠。沙漠之间,是荒漠草原与戈壁相间。深入阿拉善高原的石羊河早已退缩,现除有古称为"弱水"的额济纳河外,其它一些都是很小的季节性河流与湖泊。历史古籍中称为"大幕(漠)"、"瀚海"、"流沙"等。

河西走廊位于今甘肃省西北部,东西长约1000公里。走廊地区的许多地段,深入到阿拉善草原中部。这里虽多沙碛,但绿洲相连,水草丰盛,是自古以来宜于发展畜牧业的地区。腾格里沙漠在阿拉善盟草原的东南部，一部分延及河西走廊的民勤、武威、古浪等县境内，是内蒙古境内除巴丹吉林沙漠之外的第二大沙漠。从局部地形上看，腾格里沙漠是一个略向北倾斜的高原式盆地，四周被山地围绕的大盆地。其东部和南部有高山类型的贺兰山和长岭山，其西部及北部被形体低矮的阿拉古山、苏武山、独青山、巴音诺尔公梁等蚀余山岭所环绕，各种沙丘交错穿插在山地，形成无水草场，是阿拉善地区东南部黄河北岸的天然屏障，也是丝绸之路穿越宁夏北部与河西走廊连接的地域空间。

据《史记》《汉书》所记，先秦、西汉时期，月氏、乌孙、氏、羌以及匈奴等游牧民族，都先后在这个地区驻牧并有交往。从地理坐标看，额济纳河和石羊河、把巴丹吉林沙漠和腾格里沙漠分割成沙漠绿洲带，因而形成了在河西走廊、腾格里沙漠及其边缘地区的沙漠绿洲通道。

二、休屠城与武威郡治

匈奴是我国北方的一个古老民族，长期游牧在大漠南北，生活"逐水草迁徙，毋城郭常处耕田之业，然亦各有分地。毋文书，以言语为约束。儿能骑羊，引弓射鸟鼠；少长则射狐兔：用为食。土力能毋弓，尽为甲骑。其俗，宽则随畜，因射猎禽兽为生业，急则人习战攻以侵伐，其天性也。其长兵则弓矢，短兵则刀鋋。利则进，不利则退，不羞遁走。苟利所在，不知礼义。自君王以下，咸食畜肉，衣其皮革，被旃裘。壮者食肥美，老者食其馀。"[1]。说明，匈奴人擅长骑马射箭，把掠夺看成与生产一样，甚至"进行掠夺在他们看来是比进行创造的劳动更容易甚至更荣誉的事情"[2]。公元前二世纪，匈奴族逐渐统一，势力强大，匈奴贵族以漠北"龙庭"为中心，向四方扩张、侵掠，向东南，乘秦末的混乱，侵入黄河以南的今鄂尔多斯地区，直接威胁到长安的安全；向西南，威慑天山南北各地各族；向南，则越过大漠，击走月氏族，多占了现在的河西走廊。为了控制这片广大的土地，匈奴以白羊、楼烦二王部驻牧于鄂尔多斯地区，以休屠王部驻守河西走廊东段，并选在谷水（今石羊河）中游西岸修筑了休屠城。以禄（左"角"右"乐"）得王部驻守河西走廊中段，选在弱水上游

---

①〔汉〕司马迁：《史记·匈奴列传》卷100 第五十篇。
②恩格斯，《家庭·私有制和国家的起源》，《马克思恩格斯全集》第21卷，188页。

修建了禄(左"角"右"乐")得城。浑邪王部驻守西段,以今酒泉地区为中心。对于西域,则选在了位置比较合适的尉犁设"僮仆都尉",以控制各地并征收赋税、资财。

秦汉之际,匈奴势力强大。匈奴击败月氏占领了河西,河西便成为匈奴的驻牧之地。休屠王居焉支山以东(今武威、民勤一带),浑邪王(亦称昆邪王)驻地在西(今张掖一带)。《汉书地理志》载:"自武威以西,本匈奴昆邪王、休屠王驻地"。(休屠古城遗址,今吾为北60里的民勤蔡旗堡,东西都有汉长城。)又载:"张掖郡,故匈奴昆邪王地"。休屠王在今武威修筑了姑臧城。姑臧城"为匈奴所筑名盖藏城,后人讹为姑臧"①。休屠王又修筑了休屠城,城址在"姑臧城北六十里"②,休屠城"是匈奴休屠王所理之地","本匈奴休屠王都"③。

《史记·夏本纪》载:武威县在姑臧城北三百里(即今民勤城北一百里)。清道光《镇番县志》(镇番县即今民勤县)已有明确的记载:"元鼎六年(公元前111年),置武威、宣城二县。一在郡城北百三十里,一在郡城北百八十里,隶武威郡,是为立县之始"。这里清楚地告诉我们,西汉武威郡的治所,是在武威、宣城二县之南。这个位置既不是姑臧城,又不是武威县,而是姑臧城北六十里的休屠城(今民勤县蔡旗堡南),这是毋庸置疑的。

休屠城是匈奴休屠王所理之地,是休屠王经营多年的休屠王都,是匈奴在河西东部的军政要地和经济、文化中心。汉武帝平定河西后,为了急应战后形势,首先在这里设休屠县。休屠城逐渐成为汉朝在河西通向内蒙古和宁夏的捷径要塞,是走廊东部的门户,它"南敝姑臧,西援张掖,翼带河陇,控临绝塞",与居延互为犄角,以卫酒泉。休屠县北有红崖山、黑山为天然屏障;东北环有长城以为护卫;(今武威北六十里的民勤蔡旗堡,东西都筑有汉长城。西汉王朝在此依附环境条件设郡立县,是依据这里的地理环境的。

丝绸之路开通之前,匈奴休屠王、浑邪王等所属部落游牧于河西走廊。休屠王居焉支山以东(今武威、民勤一带),浑邪王(也称昆邪王)驻地在西(今张掖一带)。

---

① 〔宋〕乐史:《太平寰宇记·陇右道·凉州》,文海出版社,1979年。
② 〔唐〕李吉甫:《元和郡县志·陇右道·凉州》。
③ 〔北魏〕郦道元:《水经注·都野》)。

《汉书·地理志》载："自武威以西，本匈奴昆邪王、休屠王驻地"。[1]又载："张掖郡，故匈奴昆邪王地"。休屠王在今武威修筑了姑臧城，又修筑休屠城，是"匈奴休屠王都"。这里与居延互为犄角。休屠县北有红崖山、黑山为天然屏障，东北环有长城以为护卫，南部临谷水（今石羊河），地处绿洲中心，也是理想的垦牧之地[2]。

三、河西走廊与丝绸之路

经过文景之世的社会发展，到了汉武帝时期，国家不断强盛并对对匈奴展开军事攻势。武帝元朔二年（前127），卫青率汉军自云中（今内蒙古黄河西北隅的托克托）渡河进入鄂尔多斯地区，击败匈奴白羊、楼烦两所部，驱逐了匈奴势力，修复了秦时所筑城塞，派兵戍守，建立郡县，移民实边，逐步巩固了收复的土地，解除了长安北方的威胁。元狩二年（前121），派大将霍去病率万骑自陇西郡（郡治在今甘肃临洮）出发，一路向西北，打通了焉耆山（今乌鞘岭一带），击败了驻守武威地区的匈奴休屠王部。驻守酒泉地区的匈奴王部浑邪王归降汉朝。为了加强对匈奴的防御，保卫河西走廊畅通，汉朝政府在河西先后设置酒泉、武威、敦煌、张掖四郡，河西走廊成为中原地区通向西域的交通要道。

从地理位置上看，今内蒙古西部额济纳境内弱水（额济纳河）下游的大片绿洲像一条绿色的绸带，自南而北穿过沙漠，沿岸形成了沙漠中的天然绿色通道，汉朝军队就是沿着弱水南进击败河西走廊的匈奴，才使得西汉王朝西北边境的安全有了保障，更为重要的是通往西域的河西走廊一线得以开辟，为丝绸之路东西方经济文化交流奠定了基础。

就自然地理看，发源于祁连山的河流，在今武威之北汇成较大的河流，古名曰"谷水"（后称马城河、白亭河，今谓石羊河）。谷水向北流入终端湖——猪野泽（亦称为都野泽，后分为猪野、休屠泽）。猪野泽是一个较大的内陆湖，谷水流量较大，冲击范围较广，在猪野泽南岸首先造成广阔的冲积平原。这里水草丰美，逐渐形成

---

①休屠古城遗址，今武威北60里的民勤蔡旗堡，东西都筑有汉长城。休屠古城遗址，现在很难确定具体的位置，但其范围在蔡旗堡南边，是可以肯定的。

②周振鹤，《西汉河西四郡设置年代考》原载《西北史地》，1985年第1期。

本区最早有半固定住落和初级农垦形态的绿洲①。今武威以南属石羊河水系的东大河、西营河、金塔河、黄羊河、古浪河所形成的山前冲积扇群尚未开发，是一片荒漠草原，而富饶之地则是石羊河流域。正是石羊河水系，形成了沙漠绿洲丝路，贯通了阿拉善盟与河西走廊的联系，也成为与草原丝绸之路交汇的重要地域。

四、阿拉善到河西走廊的沙漠绿洲路

古代人跟水走，道路是人走出来的。河西地区，从自然条件看，不仅地势平坦，还有五大河流从南到北贯穿其间。这五大河流在西汉时被称为（氐置水、籍端水、呼蚕水、弱水和谷水）。向北流入阿拉善巴丹吉林沙漠和腾格里沙漠的，只有弱水（额济纳河）和谷水（石羊河）。河西地区，地下水源丰富，水草茂盛，宜于农牧。于是，不仅商贾僧侣穿行于此，匈奴人也看重此处。从阿拉善通往河西走廊，沙漠绿洲丝路自然是他们所无法避开的。

第一，石羊河流域的古代沙漠绿洲路。石羊河，水出祁连山，向北流行于阿拉善地区的巴丹吉林和腾格里沙漠之间。这一带除有大片的流动沙丘外，还有固定、半固定丛草沙堆与戈壁相间构成的荒漠草原，生长着旱生、半旱生植物，骆驼刺、白茨、红茨、芦草、黄蒿、芨芨、八王、拐枣、梭梭柠条、华棒、碱柴、红柳、珍珠、红沙、沙米、沙葱、牛尾蒿和鬼见愁（猫头刺）等。这些草原植物是各种牧畜放牧，尤其是骆驼放牧的最好草场。从石羊河向北、东北延伸，通过一些小的水海子，便进入内蒙古的狼山、阴山地区，那里又是林木茂盛、植株繁多的好牧场。

从阴山向西，直入河西走廊东部的武威、姑藏，远不过2000里，790里长的石羊河就占去了道路里程的三分之一还多。由于石羊河的不断退缩及休屠泽的逐渐干涸，与河有关的沙漠草原路逐渐荒漠，被人们疏弃。然而，驻牧漠南"逐水草迁徙"的匈奴民族，对此路却一直是很熟悉的。这条道路沿途水源不缺，无水戈壁远不过百里，诸水虽含有不同矿化度，但一般都可供人畜饮用。更有利的是一路平坦，无大山、丛林之隔阻，很多地段可以通行大车。因此，石羊河流域，是匈奴入据河西走廊东部的一条很理想的捷径。史称休屠古城，为匈奴入河西走廊东部的门

①冯绳武:《民勤绿洲演变》原载《地理学报》1963年29卷第3期。

户,就是基于这个道理。汉武帝平定河西后,置休屠县(隶武威郡治),并设北部都尉镇守,充分证明此路在战略上的重要地位。

第二,额济纳河流域的古代沙漠草原路。额济纳河,主要源自祁连山的积雪。它从南到北蜿蜒前行 2000 里,入居延海(在今内蒙古自治区额济纳旗北部)。额济纳河流经阿拉善高原干旱少雨的巴丹吉林沙漠西北部。由于河水的滋润灌溉,沿河两岸形成数百里的绿色长带。这一带水草丰美,宜农宜牧。匈奴南下入河西走廊西部地区,这是一条理想的通道。

北魏平城时代的鄂尔多斯沙漠南缘路,就是途经此路通往西域的。西域十六国的使者、商人以及远来的僧侣,去山西平城朝贡、贸易等也这条通道相连接。"从河西走廊到平城,一般不走另外两条,即从姑臧难走的白亭河道,翻越贺兰山,过灵州从白于北麓向东的路和到居延海后再往东,沿阴山山脉向东的路"[①]。到了清"康乾盛世"时期,这条古老的道路又兴旺起来,它是西北通向华北的主要道路,河西走廊一带的人称之为"包绥大路",实为武威、张掖至包头、绥远间的路。纵观历史,从整个古代及近代,这条沙漠草原路一直都是相当重要的塞外之路。至今在一些裸露的山冈上,还可看到车碾马踏的道路遗迹,那些驼道踪迹更是到处可见。

由额济纳河向东沿巴丹吉林沙漠北部通往阴山之路,不但为匈奴南下所取,而且久为后世人所取。汉武帝元狩二年(公元前 121 年)夏天,"骠骑将军(霍去病)复与合骑侯数万骑出陇西、北地两千里,过居延,攻祁连山",从而切断了匈奴右臂,平定了河西。在北魏平城时代,西域去山西平城的使者、客商等也是循额济纳河流域,沿巴丹吉林沙漠北部边沿,越过阴山到达平城的。唐朝武后垂拱二年(686 年),刘敬同北讨"铁勒"(古族名,突厥属),即取此路。到了近代,"新绥驼道"、抗日战争时期的"新绥公路"(便道)等,基本上沿附着这条古代的沙漠绿洲路。

这是因为通过阴山,沿着巴丹吉林沙漠北部边沿,到达居延,再南下入河西走廊西端,长约 3000 里。此路与石羊河东侧道路相比,路长而且难走。匈奴的老根据地在漠北,要是从漠北发兵通过居延到达河西,这就大大地减轻了从阴山发兵远征的负担。居延向北,是匈奴熟悉的"龙城古道",向南借助于额济纳河流域丰美的

---

①《北魏平城时代的鄂尔多斯沙漠南缘路》,《西北历史资料》1981 年 1 期。

水草,厉兵秣马,便可出其不意,拽戈直指。

第三,由北匈奴与西羌人的联络路线,寻找到的另一条古代沙漠绿洲路。匈奴失去了河西"宝库",损兵折将,元气大减。但并不因此而罢休,于是他们便与祁连山中的羌人联合起来,远交近攻,不时地骚扰汉边。

从《汉书·赵充国传》中知晓,赵充国是西汉杰出的军事家。他从23岁到86岁在河西走廊边塞,安羌定邦,报效国家。他一生戎马倥偬,是功高望重的三朝元老,国家依为柱石。神爵元年(前61年),羌人与匈奴采取了联合性的军事行动扰乱汉边。宣帝下诏书征求老臣赵充国的意见,赵充国深有感触地说:"臣得蒙天子厚恩,父子俱为显列。臣位至上卿,爵为列侯,犬马之齿七十六,为明诏填沟壑,死骨不朽,无所顾念。独思惟兵利害至熟悉也,于臣之计,先诛先零(羌之部族)已,则罕、开(皆羌之部族)之属不烦兵而服矣。"在谈及匈奴与羌人的联络道路时,赵充国说:"疑匈奴更遣使至羌中,道从沙阴地,出盐泽,过长阬(坑),入穷水塞,南至属国,与先零相直"。他反对从张掖路出兵:"……武威县、张掖、日勒皆当北塞,有通谷水草。臣恐匈奴与羌有谋,且欲大入,幸能要杜张掖、酒泉以绝西域,其郡兵尤不可发"。赵充国的这番话,又是根据在此数年前匈奴入日勒、番和的事件而言的。《汉书·匈奴传》载:昭帝元凤二年(前79年),匈奴"右贤王、犁污王四千骑分三队,入日勒(今甘肃山丹县东南)、屋兰(今山丹县西北)、番和(今甘肃永昌县西),张掖太守、属国都尉发兵击,大破之"。从赵充国的呈词中,说明匈奴与羌人联合,重犯河西汉边的路线。

这条道路是经阿拉善高原上的巴丹吉林和腾格里沙漠之间的沙阴地,沿石羊河流域休屠泽的西侧向南穿插的一条路。这就避开了居延、休屠北部都尉的防护区。通过的盐泽,即休屠泽以西的大盐池,今日的雅布赖盐池(此盐池汉代已经开采)。长坑与穷水塞,应在日勒、番和北,由此南下至张掖属国,前行过山,就是鲜水、先零羌的游牧地区。这就是北匈奴与南羌人联络过的又一条古代沙漠绿洲路,也是阿拉善通向河西走廊的一条中间道路。

五、与绿洲丝路相衔接的草原丝路

依据山脉走向和河流分布状况,阿拉善盟是草原丝绸之路和绿洲丝绸之路的纽带。草原丝绸之路是一条从大兴安岭西麓直到东欧的狭长地带，它的东端直抵古营州（今辽宁朝阳）。古代北方草原游牧民族因气候变化或战争纷争，经常沿草原路向西迁徙。

第一，回鹘道。早在公元前五至三世纪，中国中原地区就与阿尔泰山脉西部就有密切的关系，这种关系中，丝绸起着重要作用。阿尔泰地区，正是草原丝绸之路与传统绿洲丝绸之路相连。公元前后，通过这条丝绸之路沟通中西经济、文化交流的主要是匈奴人。在匈奴之后，在这条丝绸之路上的主要贩运者还有鲜卑、蠕蠕等民族，在南北朝时，在草原丝绸之路上的突厥族起过重大作用。公元七世纪，回纥在漠北兴起后控制了草原丝绸之路的通道，开辟了回鹘道。盛唐时期的河西走廊比往时更加兴旺，根据《元和郡县图志》卷四十陇右道、凉州条下记载，唐朝选在弱水下游两汉之间设置了"宁寇军"（军事机构）以统领当地的军务，"管兵一千七百人，马五百匹"。从宁寇军向北千多里，有路通往"回鹘衙帐"。

当然，草原丝绸之路的具体路线也并不是一成不变的。它随着各民族政治势力的伸缩以及水草状况，也有了几条线路。其基本的线路主要是或自匈奴单于庭（今蒙古人蒙古国乌兰巴托），或自突厥可汗、回纥可汗牙帐（今蒙古人民共和国哈林和林北）西行，沿杭爱山脉南麓、阿尔泰山北麓西北上，经科布多谷底南下或经准噶尔盆地边缘到今吉木萨尔一带，或经斋桑泊、伊犁河流域西行到中亚地区。在这条通道的南部，还有一条路可称作草原路最南的一条支路，及经河套西行，经居延海，沿河西北山马鬃山北麓，至哈密、吐鲁番等地。这条路在宋、辽、西夏对峙时期，显得特别重要，因为在当时条件下，其他交通路线不易通过，一些使臣、商贾只好利用这条路线东西交往。

第二，参天可汗道。是唐代京师长安前往漠北的道路。贞观二十一年（647），唐太宗部署大军击败突厥薛延陀部，实现"平北荒"的夙愿，亲自到灵州接受回纥、敕勒十一姓的投降。第二年正月，为了方便漠北各民族进入中原，唐太宗又在回纥、突厥间"治大涂"，即修筑交通大道，取名"参天可汗道"。这条要道的开通，体现了唐代统治者的胸怀和当时各族人民友好团结的历史背景。在宁夏境内，参天可汗道的走向，基本和今天的京藏高速公路相同，即由吴忠市北渡黄河，经永宁、银川、姚伏、平罗、黄渠桥、石嘴山，在麻黄沟出境，沿黄河西岸北上。此后，各民族的迁徒、友好往来都沿此路而行。成了名副其实的民族团结之路,而宁县南北,也因此而成为民族融合的走廊。

第三,灵州道。灵州道的走向是从长安向北,经咸阳、乾县至邠州(今陕西彬县)一段为传统走向。出邠州后折向东北,沿马莲河谷至宁州(今甘肃宁县)、庆州(今甘肃庆阳),西北行至环州(今甘肃环县),又西北沿环江行 190 里为甜水堡,其北即宁、甘省界。进入宁夏,第一个地名为萌城,距省界仅 3 公里。再西北行 33 公里为惠安堡,其西有三个盐湖,就是历史上著名的温泉盐池。盐湖的东北,就是唐、五代时的温池县城。县城在唐代是个十字路口,除有丝绸之路南北穿过外,向东有大道通盐州,向西有大道通鸣沙县,向西南还有通萧关县、原州的驿道。惠安堡再北,经石沟驿行 40 公里至今吴忠市利通区,稍北即为灵州古城。以上长安至灵州,唐代文献记录为 1250 里,其中宁夏段 230 里。

汉唐时期的灵州道链接着绿洲丝绸之路与草原丝绸之路,唐宋以来的灵州道与穿越阿拉善的草原道相衔接承担着朝贡、贸易和文化交流的特殊使命。

五、结束语

阿拉善地处内蒙古高原西部,东邻贺兰山及河套平原的西沿,西依北山(马鬃山),南与河西走廊地区接壤,北与中蒙边界相连,历史古籍中有"大幕(漠)"、"瀚海"、"流沙"的称谓。沙漠之间荒漠草原与戈壁相间,因深入阿拉善高原的石羊河早已退缩,只有古称为"弱水"的额济纳河使这里成为弱水绿洲走廊,即从阿拉善盟到河西走廊。历史时期,深受地理条件的限制,今天的额济纳河(当时的弱水)绿色长廊,直到十九世纪末,俄国探险家还是取此道进入我国甘肃、青海等地从事窥探活动。时至今日,交通日新月异,这条从阿拉善到河西走廊的古代沙漠绿洲路与草原路所形成的地域空间,涉及东西文化交流的各个方面,具有很大的地域文化价值。在新一轮西部大开发和"一带一路"战略大背景下,将会重写新的时代篇章。

(郭勤华,宁夏社会科学院副编审)

丝路重镇固原的民族风情

叶长青

　　固原的回族历史最早可上溯到唐末。"丝绸之路"从西汉初辟始,就一直是连接欧亚陆路交往的交通大动脉,固原正处在这条商路的必经地区。唐代盛世使丝路比以往任何时候都活跃,而当时同样强大且与唐接壤的大食国民、包括当地波斯人及已经改信伊斯兰的中亚各族穆斯林,在这支异常活跃的丝路商业大军中占很大的比重。他们从西域经河西走廊,来到原州,然后经甘肃东部进入陕西,最后到达都城长安。其中也有部分商人在原州境内长期逗留,成为这里最先的一批回族先民。元朝是西域回回人大量进入中国的时期,也是固原有大量回回进入的发轫期。1227 年蒙古军灭夏,签发大批"回回军"进驻其地,屯垦牧养,以资守御。明代对回族所采取的怀柔政策,使回回民族族体稳定发展,人口迅速繁衍。明初,不断有大批"西域回回"归附,被安插到原州等缘边州县,在原有的基础上形成了许多比较大的回族聚居点。到明代中后期,史书中已有了回族族体的正式记载。

　　固原回族同全国其他地区的回族,有着基本相同的风俗习惯。由于回族信仰伊斯兰教,所以其风俗习惯受伊斯兰教的影响很深,除教义上规定的条款以及念经、礼拜、静修等宗教仪式外,伊斯兰教的许多礼仪都已转化为回族的风俗习惯。同时,由于回族散居各地,与各兄弟民族交叉居住,在历史上不断有其他民族的成员加入回族行列,这些民族的某些风俗习惯也很自然地被带进回族之中,年长日久,逐渐演变为回族风俗习惯的一部分。

　　回族的服饰具有多重作用。首先是保护身体的作用,这是人类生产、生活和生存的客观需要。根据不同的季节选择不同的服饰,夏天穿单衣,冬天北方回族人多穿棉衣和皮衣、皮鞋等,尤其是西北地区的回族人为了防寒还戴棉帽、皮帽或耳套等。回族妇女为了防风沙还戴盖头、搭围巾等等。其次是装饰的作用,爱美之心人皆有之,回族人也不例外,这是人类美化自身的内在要求。如男子穿衬衫、套青坎肩,女子点额、染指甲,在衣服上绣花,都有装饰的因素。除了保护身体和装饰外,还有宗教的因素,回族穆斯林为了参加一些宗教活动或受宗教的影响,头缠戴斯达尔、穿准白、穿麦赛袜子,妇女搭盖头,构成了回族服饰的多重民俗性格。

在回族的服饰中,头饰是最典型、最富有特点的。如回民从过去到现在,男子的白帽、戴斯达尔和妇女的盖头等传统范围是最广泛的,无论是在江南水乡,还是在北方的黄土地、黑土地上,凡是回族聚居的地方,头饰的习俗是很明显的。这一习俗与中国汉族的服饰习俗形成了鲜明的对比。在汉族服饰习俗中,衣服的传统范围最广,特点最明显,而头饰习俗次之,甚至可有可无。由于回族重视头饰习俗,其帽子、盖头、戴斯达尔等选料颇讲究,注意干净、整齐。

回族服饰讲究整齐、美观、简朴舒适、干净卫生,不穿妖艳华贵的衣服,特别是男子不衣艳色,不着异冠;爱美但不以为奇,"淡妆浓抹总相宜"。在衣、冠颜色上以白、绿、黑色为主。这种特点与回族的来源和宗教有一定的联系。

伊斯兰教崇尚黑、白、绿三色,中国史书上有"白衣大食"、"黑衣大食"和"绿衣大食"之称,"大食"是古代波斯人对阿拉伯人的称谓的汉语音译。至今世界各国穆斯林仍崇尚黑、白、绿三色。我国回族视白色为最洁净、最喜悦和最清白的色。伊斯兰教创立后,穆罕默德曾对教民说:"你们穿白色衣服,它是你们最好的衣服。"在现实生活的实践中,回民体会到在炎热的夏天,穿白色可以反射热量等,因此,戴白帽、穿白衣已成为回族服饰习俗的特点之一。

回族还喜欢穿绿色和黑色服装。回族穆斯林认为绿色是神圣的颜色,穆斯林到沙特阿拉伯的麦加朝圣,一般都打绿旗。阿拉伯国家制作的供穆斯林祈祷用的地毯,底色一般都是绿色。我国回族举行阿訇"穿衣"仪式时,阿訇一般都戴绿色帽,穿绿准白(袍子)。回族年轻妇女还戴绿盖头,穿绿裤子等。回族还喜欢穿青坎肩,戴黑盖头,穿黑袍子等,给人以想象和纯净的心情。

回族戴戒指的习俗,一是受到阿拉伯国家风俗和伊斯兰教的影响。在阿拉伯国家,穆斯林女子订婚时,一般都要视其男方的经济条件,要适当的金银首饰作为聘礼。伊斯兰教允许妇女戴金饰这个习俗至今在一些伊斯兰国家还沿袭着。在土耳其,现在给女子订婚时,一般要一百克左右的金银首饰。二是由阿拉伯、波斯等地来中国经商的穆斯林善于经营珠宝和金银首饰,经济条件也好,所以,他们的妻子、女儿都佩戴首饰。这一点早在宋代就有记载。三是受到中国汉族的影响,在中国汉族戴戒指的历史有两千多年,早在商代就有人戴指环。以上这些因素对回族佩戴金银首饰都起了直接和间接影响。

随着社会的不断发展,回族的服饰受汉族服饰文化的影响较大,除回族的头饰和宗教人员、老年穆斯林的服饰外,聚居区的中青年回族和散居在城镇的回族服饰特点不浓。西装革履、中山装、列宁装、夹克衫、滑雪衫以及各种时装均已成为回族的日常服装,居住在城镇的回族中青年妇女大都剪发、着高跟鞋,已形成风气,这些都是回族服饰发展演变的特点。

古尔邦节是回族的主要节日,又称"尔德·艾祖哈",含有牺牲、献身之意。在伊斯兰历年的 12 月 10 日举行。这一天也是穆斯林赴麦加朝觐的第三天。古尔邦节又叫"宰牲节",它起源于先知伊卜拉欣的传说。伊卜拉欣受到安拉启示,命他宰杀自己的儿子伊思玛仪献祭,以考验他对安拉的忠诚。于是,伊卜拉欣将爱子伊思玛仪带到麦加城郊米纳山谷,准备宰杀爱子以表达诚意。此时,安拉派来天使送来一只黑头绵羯羊代替伊思玛仪牺牲。从此古尔邦节宰牲便成了穆斯林的传统庆典。节日这一天,回族穆斯林沐浴洁身后,穿上节日的盛装,到清真寺去参加会礼,回家后举行宰牲仪式。宰牲的牛、驼、羊肉除了自己食用外,还要分送亲友和贫孤之人。

圣纪节是伊斯兰教穆罕默德圣人的生辰和忌日,都在伊斯兰历 3 月 12 日,所以统称"圣纪"。这一天,回族穆斯林沐浴净身后,炸油香、馓子,然后到清真寺听阿訇讲经、赞圣,讲述穆圣的嘉言懿行和功绩。之后,穆斯林在清真寺内聚餐。回族穆斯林举行圣纪的日子并不统一,一般在 3 月 12 日穆圣的诞生和逝世日,也可以在 3 月内任何一天。圣纪节是回族穆斯林每年一次规模浩大的庆典。

开斋节是回族穆斯林对"尔德·菲图尔"(阿拉伯语)的习惯称呼。每年伊斯兰历 9 月是穆斯林的斋戒之月,凡符合条件的穆斯林男女,都要奉行一个月的斋戒,白天不进饮食,一月结束,望见新月,斋戒完成,次日即为开斋节。清晨起来,穆斯林们沐浴净身,换上洁净的衣服,开始在家中炸油香、馓子。上午,到清真寺参加会礼。礼拜后,还向老弱病残和贫苦之人出散"乜贴",因此开斋节又叫"济贫节"。然后请阿訇为已故亲人走坟,纪念亡人。走坟后,走亲访友,相互祝贺,邀请亲戚乡邻到家,进行款待。回族穆斯林对开斋节特别重视,庆祝场面十分隆重,所以又叫"回民过年"。

回族丧葬主要是按伊斯兰教的习惯进行。人死亡称"无常"或"归真"忌用"死"字,把遗体称作"埋体",称殡礼为"送埋体",亡人的面容身体要美观清洁,埋体要经过修面、修胡须,理掉过长的头发,其他部位过长的毛发也要剪短或剃掉。还要修剪手指和脚趾甲,清除污垢。要用汤瓶浇水洗净埋体。遗体要用白色布裹起来,裹布叫"克凡"。遗体要放在尸匣内,尸匣称"塔卜"。回族认为"亡人入土为安",主张速葬、简葬。亡人在下葬前还要进行赎罪仪式,叫作"菲迪耶"。即象征性地舍散钱财,同时还要给前来送埋体的人散乜贴以求得真主对死者的赦免。在墓地要站"折那孜",即举行祈祷仪式,送葬的人由伊玛目带领面向西为亡人进行祈祷,诵读《古兰经》的有关章节。回族实行土葬,葬穴为长2米,宽1米深约2米的直坑,在直坑底部向西侧挖一窑洞(以平放遗体为限)。当埋体按照教规放入窑洞内后,再将窑洞门用土坯封住,并用黄土填满直坑,在上面筑起拱形土堆,作为标志。

固原回族的婚俗别具特色,因居住在山川、城乡的不同,婚姻习俗也不尽一致。一般在农村,男女青年情投意合,愿结良缘,女方家人首先要到男方"看家道",即看男方的条件和为人等情况,如各方面都满意,随即通过媒人回话。男方得到佳音后,很快与媒人一道带上见面礼到女方家说:"色俩目",女方家长愉快接"色俩目",表明正式同意两家联姻,女儿不再许与他人。此后,男方家便择吉日,送聘礼订婚。女方家也相应给未来的"女婿娃"准备好衣、帽、鞋等礼物。到了结婚这天,双方家里格外热闹。结婚仪式主要是,当天早晨首先请刚做完"晨礼"的阿訇和满拉到家里过"尔麦里",表示对安拉的感恩。然后是由阿訇为新郎新娘念"尼卡哈"(用阿拉伯语念证婚词),并问新郎新娘是否愿结为夫妻。回答同意后,由阿訇当众宣布:"从现在起,你们俩正式结为夫妻。"并且告诫一对新人要互敬互爱,白头到老,仪式结束后是热闹的"耍新郎"。有些地方还要将公婆耍闹一番,新郎的父母被蜂拥而至的青年人用早已准备好的墨汁或锅底黑灰,将脸涂黑,以增添婚礼的喜庆气氛。新婚之夜还要"闹洞房"。青年男女们别出心裁地让新郎新娘表演"节目",既不出格,又使人捧腹不已,热闹异常。三天以后新郎陪新娘"回门",即回娘家。

固原回族很讲究礼节,晚辈见了长辈,要停下来,道"色俩目",向长辈问好,长辈也礼貌地向晚辈回"色俩目"问好。客人到家入座时,按辈分年龄入座,长者在前,晚辈在后,并不得在客人面前走动。吃饭时,先让客人吃,然后主人才动筷子。饼子、馍馍要用手掰开吃,不可囫囵啃咬或大口嚼咽。忌讳进食时出声音、喝茶用口吹或吸出声音。向客人倒水、加菜时,要向内拨、向内倒,很忌讳反手向外拨或倒。陪客吃饭也很讲究,男客人由男主人陪同,女客人由女主人陪同,晚辈不能陪客用饭。

回族饮食是严格恪守《古兰经》规定,禁食猪肉,禁酒,禁食动物的血和自死动物,也不吃马、驴、骡、狗肉。伊斯兰教认为猪是不洁净的"秽物",饮酒、赌博、拜像、求签(卜卦)是"秽行"。普遍吃羊、牛、驼等食草类反刍的偶蹄动物。

清真菜谱是固原回族饮食文化的重要内容,清真菜、清真食品,像手抓羊肉、清炖羊肉、清蒸羊肉、羊肉焖肚饭等等都是堪称脍炙人口、富有地方特色的美味佳肴。馓子,是固原回族传统食品之一,其配料、制作都很讲究,固原的馓子股细条匀,不仅吃起来香酥可口,而且讲究造型美。

盖碗茶是固原回族茶文化的一大特色。盖碗,上有盖,下有托盘,碗口大底小,造型美观,轻巧玲珑。沏茶与配料也有讲究,有所谓"八味茶"、"十味茶"等不同的沏法。通常说的"八味茶"(也叫"八宝茶"),配料有:茶叶、白糖(或冰糖)、红枣、核桃仁、桂圆肉、芝麻、葡萄干、苹果片等。饮用时将盖与碗轻轻错位,清香四溢,回味无穷。

回族在形成一个民族时,已通用汉语,但在他们使用的汉语中还夹杂有不少阿拉伯语、波斯语词汇和一些专为回族常用的特殊用语。例如"安拉"(真主)、"古兰"(古兰经)、顿亚"(世界)、"哈迪斯"(圣训)、"台克迪尔"(命运)、"法依代"(利益)、"加玛勒"(俊美)、"因散"(人类) 等都是阿拉伯语;"阿斯曼"(天)、"多斯提"(朋友)、"杜什曼"(敌人)、"郭什"(肉,回族用来专指牛羊肉)、"班岱"(奴仆)、"耶克"(一)"杜"(二) 等都是波斯语;"口到"(尝)、"拿散"(施舍)、"无常"(去世)、"教门"(虔诚)、"大净"(穆斯林的全身沐浴)、"小净"(穆斯林礼拜前需洗脸、手、足及下部)等都是专为回族常用的汉语词。其中不少的阿拉伯语、波斯语词,可能是历史上回族先民的多种语言与汉语融合后仍保留在回族使用的汉语中语言残留现象。

回族长期以来使用汉文,在宗教活动上也使用阿拉伯文。过去在不识汉字的回族人中间,特别是阿訇们常使用阿拉伯文字母来拼写各自的汉语方言。这种记录汉语的阿拉伯文字母叫做"小儿锦"。它是一种早期的汉语拼音字母,也很有价值,是回族人民在汉语拼音方面的贡献。

(叶长青,宁夏社会科学院副编审)

丝绸之路文物在宁夏的发现与研究述略

吴晓红

　　宁夏地处祖国西北一隅，得益于黄河灌溉及河套平原的自然优势，是古丝路东段北道必经的交通要道，也是古都长安北行与北方草原之路相衔接的重要通道，自古以来就是与中亚、西亚等地伊斯兰文化、草原文化相融合的历史舞台。考古发掘显示沿丝路在宁夏境内发现大量的文化遗存，文物工作者对此进行了集中梳理和研究，再现了丝路历史文化曾经的辉煌。

　　汉代，张骞凿通之际，高平城（今固原城）便成为丝路交通的枢纽、军事重镇、中原国门，中西亚各国向长安、洛阳进发的使者，曾在固原驻足歇息。北魏在灵州（吴忠）设立的薄骨律镇，也是丝绸之路上的重镇。北朝时期的固原地处中原农耕文化与北方草原游牧文化、中亚西亚文化的交融碰撞之地，中西文化的东来西进通过丝绸之路相连接，留下了不少文化遗存。到了隋唐，从西安经泾水河谷到泾源，过三关口到固原，再由固原经石门关（须弥山）到海原县干盐池，至甘肃靖远过黄河，沿河西走廊到武威、敦煌，人西域至中西亚，这条路线已成为当时最为便捷的丝绸之路。如果遇到战争环境，河西走廊受阻，则沿清水河由固原至灵州的支线，就变为绕行河西，改由北方草原之路进入西域再西行的安全通道了。

　　对于北朝至隋唐历史来说，原州更是一个不可忽视的地方，这一点已经被来自固原的诸多考古发现所证实。

一、北朝及隋唐墓葬发掘

　　1981 年，固原城郊雷祖庙发掘北魏墓一座，出土漆棺画及一枚波斯萨珊王朝卑路斯王银币，韩孔乐、韩兆民《宁夏固原北魏墓清理简报》（《文物》，1984 年 6 期）对发掘情况及出土文物进行了介绍。宁夏固原博物馆编写了《固原北魏墓漆棺画》（宁夏人民出版社 1988 年版），研究认为漆棺画里的宴饮图、棺画的波斯画风等都明显地表现出中亚文化、草原文化与中原文化的融合。出土的波斯萨珊王朝卑路斯王银币，再现了丝绸之路东段北道的畅通和固原丝绸贸易之繁荣。漆棺画以及内容不仅为中国美术史放发展提供了全新的、具有代表性的北朝绘画史料，也为后人了解这一地区古代社会生活提供了形象的史料。

1983 年，固原西郊发掘北周大将军李贤夫妇合葬墓一座，出土大量陶俑，其中最引人注目的几件由中亚、西亚传入我国的舶来品——鎏金银壶、凸钉装饰玻璃碗、银装铁刀、青金石戒指等，这些都是中西文化交流的重要实证。自治区博物馆与固原博物馆共同编发《宁夏固原北周李贤夫妇墓发掘简报》（载《文物》1985 年第 11 期）对发掘情况及出土文物进行了介绍。学界对李贤墓志进行了考释，宿白《宁夏固原北周李贤墓札记》（载《宁夏文物》1989 年第 3 期）、罗丰《李贤夫妇墓志考略》（《宁夏文物》，1986 年第 1 期）讨论了李贤的家世、族属及相关问题。顾铁符《关于李贤氏姓、门望、民族的一些看法》（《美术研究》1985 年第 4 期）认为李贤墓志的发现对于考证史书中关于其族属的记述很有帮助。王卫明《北周李贤夫妇墓若干问题初探》（《美术研究》1985 年 4 期）研究指出：宁夏固原深沟村北周李贤夫妇合葬墓，是近年来北朝晚期墓葬考古的重大发现。其中保存下来的二十余幅壁画、二百余件彩绘陶俑，以及各种工艺品等，为我国中古美术史的研究提供了重要的素材，丰富了北周绘画、雕塑实物，同时也为进一步认识隋唐绘画及文物典章制度的承传、东西文化交流提供了新的资料。萧璠《北周李贤墓志一处断句的商榷》（《文物》1991 年第 3 期）对《宁夏固原北周李贤夫妇墓发掘简报》（《文物》1985 年第 11 期）中所载李贤墓志铭录文的断句进行了商榷。

1993 年，固原南郊乡发掘北周宇文猛墓葬，出土了近百件彩绘陶俑，其中包括大量具有西亚人特征的胡俑。宁夏文物考古所固原工作站编发了《固原宇文猛墓发掘简报》（载《宁夏考古文集》，宁夏人民出版社，1996 年版）。耿志强、陈晓桦发表了《北周宇文猛墓志考释》（《西夏研究》2013 年第 2 期）。

1996 年，中日原州联合考古队发掘北朝重臣田弘墓，出土的东罗马金币、各种玉器及壁画,生动地再现了东西文化交流在固原的璀璨历史。中日原州联合考古队编《北周田弘墓》(东京勉诚出版社,2000 年版)。马晓玲撰写《北周考古的新发现——〈北周田弘墓〉述评》(《华夏考古》2012 年 4 期)认为《北周田弘墓》,不仅对该墓所有的遗迹、遗物进行了描述,还集合了体质人类学、动物考古学、植物学、科技考古学、文献学等学科的研究成果,对相关问题进行多角度的讨论。姚蔚玲《固原北朝墓葬》(固原博物馆编《固原历史文物》,科学出版社,2004 年)对固原发掘的 7 座北朝墓葬的墓葬形制、壁画、随葬品进行归纳整理与研究,并分析了与陕西北朝墓葬的关系。

　　1982 年至 1995 年固原南郊史氏墓葬群的发掘, 再次使原州与西域的密切关系得到了证实。这是目前国内唯一一处有计划发掘、研究的大型粟特人家族墓地,共发掘隋墓 1 座、唐墓 8 座,6 座为粟特人墓葬。粟特人作为中亚的一个古老民族,一直活跃在丝绸之路的贸易活动中, 由此而担当起了东西文化交流的重要角色,中国文献中将他们称为"昭武九姓"。北朝开始,粟特人进入宁夏地区,至唐时所建立的羁縻府州中就有属于昭武九姓的羁縻州,上隶于灵州都督府,统称"六胡州",他们在南部的固原地区,形成了粟特人的聚落。在这些墓葬中出土的罗马金币、波斯银币、金覆面等 6 至 7 世纪中西文化交流的稀有文物,再现了当时中西文化交流过程中固原的历史地位。

　　根据考古发掘,宁夏文物考古研究所编《宁夏固原隋史射勿墓发掘简报》(载《文物》1992 年第 10 期)、罗丰编《固原南郊隋唐墓地》(文物出版社、1996 年版)、固原博物馆与中日联合考古队编《原州古墓集成》(文物出版社,1999 年)、中日原州联合考古队编《唐史道洛墓》(东京勉诚出版社,2000 年版)、宁夏文物考古研究所和固原原州区文管所编《宁夏固原市南塬唐墓发掘简报》(《考古与文物》,2007 年 5 期) 以及宁夏文物考古研究所编《固原南塬汉唐墓地》(文物出版社,2009 年版)、宁夏文物考古研究所编《固原九龙山汉唐墓地考古报告》(文物出版社,2012 年出版)均对墓地发掘进行了详细记载及研究。原州史姓墓地是中国首次发现的粟特人墓群,丰富了我们对流寓于中国的中亚粟特人的认识,也了解了古代先民对外来民族及其文化的包容。

　　1985 年,盐池县苏步井乡发现唐代墓地,自治区博物馆编写的《宁夏盐池唐墓发掘简报》(载《文物》1988 年第 9 期)研究指出:从墓志所提供的年代和墓葬形制分析,这是一处中亚"昭武九姓"之一的何国人后裔的家族墓地,地处唐代著名六胡州之一的鲁州辖境,时间是盛唐武则天时期。墓地共有六座墓葬被发掘,出土文物大多残破不全,最值得关注的是六号墓中出土的两扇石门,石门之上用细线阳刻有两上高挑的鼻子与深凹的眼窝的西亚胡人跳舞画面,《简报》中认为石门所刻舞者,应当为唐代流行的康国乐舞——胡旋舞。此舞在武则天执政时就从中亚经固原传入中国,并迅速成为老少皆宜的最流行的文娱艺术。

自治区文化厅与自治区政协文史资料委员会合编的《宁夏考古记事》(宁夏人民出版社,2001 年)中收载了韩孔乐《固原北魏漆棺画墓的发现》、郑克祥《彭阳新集北魏墓发掘亲历记》、韩兆民《北周李贤夫妇合葬墓发掘记》、郑晓红《固原北周李贤墓壁画揭取和彩绘陶俑保护记事》、卫忠《中日原州联合考古发掘纪实》、郑克祥《固原南郊隋唐墓地考古发掘亲历记》、吴峰云《在沙漠中出土的国宝》、何继英《难忘的盐池窨子梁唐墓发掘》,都是作者对有关丝绸之路重要考古发掘亲历、亲见、亲闻的回忆录,与研究成果互为弥补,相得益彰,对历史研究和文物考古是很好的科学普及。

二、丝路文物研究

北魏、北朝、隋唐墓葬的发掘及大量具有中亚、西亚风格文物的出土,在考古界引起了极大反响,区内外专家学者纷纷著书立说,对其进行了综合全面的研究。许成等编《宁夏 40 年考古发现与研究》(宁夏人民出版社 1989 年)、员安志《中国北周珍贵文物——北周墓葬发掘报告》(陕西人民美术出版社 1992 年)、宁夏固原博物馆编《固原历史文物》(科学出版社 2004 年版)、罗丰著《胡汉之间——丝绸之路与西北历史考古》(文物出版社 2004 年版)、马建军《二十世纪固原文物考古发现与研究》(宁夏人民出版社 2004)、许成、董宏征编《宁夏历史文物》(宁夏人民出版社 2006 年 6 月)、银川美术馆编《宁夏历代碑刻集》(宁夏人民出版社 2007 年 6 月)、固原博物馆编《固原历代碑刻选编》(宁夏人民出版社,2010 年)、罗丰主编《丝绸之路上的考古、宗教与历史》(文物出版社 2011 年版)、固原博物馆编《固原文物精品图集》(宁夏人民出版社 2012 年 8 月),对发掘墓葬整体情况进行了记述和深入研究。韩小忙《1989年宁夏文物考古发现与研究概述》（《固原师专学报》1990年）、韩小忙《近两年来宁夏文物考古发现与研究》（《固原师专学报》1997年第4期）、罗丰《二十世纪宁夏考古的回顾与反思》（《固原师专学报》2002年2期）、马建军、周佩妮《固原北朝文物考古的发现与研究》（《固原师专学报》2003年2期）对宁夏文物考古的发现进行了研究。钟侃《宁夏地区的古迹遗存》（陈育宁主编《塞北江南旧有名》，宁夏人民出版社，2003年）研究认为宁夏古代文物既有中原文化的一般特征，又具有地域和民族的特殊性质。石磊《北魏漆棺画和北朝、隋唐壁画》（固原博物馆编《固原历史文物》，科学出版社，2004年）对文物的发现与研究作了简单介绍。马建军《固原北朝、隋唐墓地及其普遍价值》（《丝绸之路》2010年2期）认为固原西南郊北朝、隋唐墓地是丝绸之路上的著名遗址，因其丰富的文化内涵和突出的普遍价值，被列为中国与中亚五国政府联合申报丝绸之路世界文化遗产的推荐申报点。马莉《宁夏固原北朝丝路遗存显现的外来文化因素》（《丝绸之路》2010年6期）研究认为从北魏、北周出土墓志显现诸多的外来文化因素，证明北朝时期。宁夏固原是丝绸之路东段北道的咽喉孔道。

考古材料的不断公布，还推动了区内外考古工作者对出土文物的专题研究，这些研究成果对于我们了解丝路贸易、中西文化交流及当地人们的生活习俗具有重要的学术价值。

（吴晓红，宁夏社会科学院编审）

浅述河西走廊上的烤肉
——以嘉峪关魏晋墓画像砖为中心

马　静

　　自古以来,民以食为天。饮食作为人们日常生活不可或缺的一部分,在人类历史发展的进程中占据着重要的地位。华夏五千年的历史长河中,劳动人民用勤劳和智慧创造出了无数道美食,诠释了博大而精深的中国饮食文化。烤肉作为一道风味独特的美食,千百年来一直为人们所喜爱和推崇。今天谈起烤肉,人们会不由自主地想起烤肉流行的新疆、甘肃等西北地区。其实,早在一千五百多年前的魏晋,烤肉作为一种日常食物就已广泛存在于西北地区,尤其是河西走廊一带。河西走廊出土的大量关于"烤肉"的画像砖,证实了烤肉在魏晋河西地区人们的日常饮食结构中占有很大比例,是当地饮食文化的重要组成部分。本文拟以嘉峪关魏晋墓画像砖中的"烤肉"图,试图对魏晋河西走廊的烤肉历史及其文化作一浅要的剖析。

一、河西走廊话"烤肉"

　　烤肉,是家喻户晓的中华传统美食之一。今天的烤肉,普遍意义上讲指的是"烧烤",即将食物(多为肉类,亦有蔬菜海鲜等)放在火上烹饪至熟。在古代,烤肉指将肉类食物进行烤炙,主要有"燔"、"炮"、"炙"三种做法。汉代的学者毛亨曾对这三种做法做过解释:放在火上烧叫作"燔";带毛烧(用泥土带毛包裹严实后用火烧)叫作"炮";举在火上烧叫作"炙"。本文所指的烤肉即"炙肉"。

　　1.烤肉的起源

　　烤肉在我国已有两千余年的历史。上古有燧人钻木取火,"始裹肉而燔之",这便是烧烤历史的开始。周代亦记载有烤肉技术，如"炮豚"，炮即带毛烧、烤、炖乳猪。《韩非子·内储说上》记载炙肉有三个要领，"利刀切肉，木棒穿肉块，烈火炙熟"，相比上古时期的整体烤炙，人们已经懂得将肉切块烧烤。汉代以前，关于烤肉的信息来源主要是文字记载，记载寥寥可数。从汉代开始，烤肉的信息除了来源文字外，

图 1

还见之于大量的画像砖中。1961 年，河南密县打虎亭一号墓出土的画像石上将东汉末年"烤肉串"的烹饪方法都表现了出来，中间有一个人拿着一把肉串，正在火上烤着。1995 年，在山东临沂市境内五里堡村，发现了一座东汉晚期的画像石墓，出土的画像石中有两方"宴饮"图，上面均有当时的烧烤场景。图 1 出自东汉初年一位名叫朱鲔的人的墓葬画像石，描绘的是一个人一边烤肉，一边用扇子扇火的场景。画像砖中烤肉图的呈现，使人们直观地感受到了古人烤肉的场景。这些考古发现说明从汉代开始烤肉流行起来，并逐渐纳入到人们的日常饮食体系中。

2.河西走廊的"烤肉"图

自汉代丝绸之路开通后，烤肉开始在河西地区传播开来。关于烤肉的传播路径，学术界未做过明确的探讨，有可能是自东向西传入，也有可能是沿着丝绸之路由西向东传入中原地区[①]。无论哪种传播路径，河西走廊作为中西方文化的汇聚地，烤肉在该地区的流行，都是中西方文化联系与交流密切的一种体现。

1972—1979 年间，考古学家在甘肃嘉峪关先后发掘了 18 座魏晋墓葬，其中 9 座为画像砖墓。这些墓中的砖画反映了当时西部地区的风土人情，其中便有一千多年前魏晋人吃烤肉的情形。

嘉峪关 1 号墓的画像砖上绘有一个叫段清的人，他跪在一个长方形的小榻上，手持扇面，仆人拿着烤好的肉串递给他。坐前的圆形食案上，有一双筷子（如图 2）。嘉峪关 6 号墓中室西壁进食图中绘有仆人手持三股铁叉，叉上穿肉块，将羊肉串递给主人（如图 3）。

---

①此说法来源于姚伟均：《三国魏晋南北朝的饮食文化》，《中南民族学院学报》1994 年第 2 期，90 页。

图 2　　　　　　　　　　　　　　　　　　　图 3

7 号墓砖画上绘有两女子席地跪坐,中间一张小桌,右侧一女子右手持一长柄三股铁叉,她们正在宴饮(如图 4)。酒泉高闸沟晋墓画像砖中,绘有一女仆手持羊肉串烤肉的画面(如图 5)。嘉峪关 5 号墓中室绘有孩童手持羊肉串的图像。嘉峪关 6 号墓前室东壁烤肉图画一女子手持长柄叉,叉上穿肉块,另一女子跪在炭盆前正在烤肉串。此外,在高台也发现有烤肉串的砖画。高台魏晋十六国时期墓葬壁画中,有一幅宴饮图像,其中有一男性仆人手持肉串进奉主人。

图 4　　　　　　　　　　　　　　　　　　　图 5

上述图片与记载反映出魏晋时期河西走廊烤肉之风盛行,烤肉串是当时人们所喜爱的一种食物。烤肉串作为一种饮食习惯和风俗,已经纳入到当时人们的日常生活和行为中。

3.烤肉的食材与工具

魏晋河西地区人们烤肉用的食材主要是牛羊肉。嘉峪关 6 号墓有幅连环画描绘的是厨师将悬挂着的牛羊肉削肉剔骨后由仆人手持三股叉烤肉。据岳邦湖《岩画及墓葬壁画》中对嘉峪关新城魏晋彩绘砖画中牧羊图的统计,发现牧羊图有 15幅,所绘羊的总数量有 70 余只。①嘉峪关新城 M5 号墓前室北壁羊群图中绘有羊

①孙占鳌:《魏晋时期河西饮食文化发展的特征》,《丝绸之路》2015 年第 16 期,44 页。

12只,色彩不同,形态各异,而牧羊人则手执长鞭,悠然自得。[1]这些考古发现说明羊在所有牲畜中所占的比例是比较高的。另有《汉书·地理志》记载:"自武威以西……地广民稀,水草宜畜牧,故凉州之畜为天下饶"[2]。河西走廊牧草肥美,牛羊遍野,为当地人食用烤肉提供了丰富的食材来源。

嘉峪关魏晋墓画像砖中大量出现的烤肉叉和刀具从侧面强调了烤肉在河西地区的普遍存在。仔细观察发现,几乎每幅烤肉图上都画有一柄三股叉(如图5所示),这是烤肉用的工具。叉在汉、魏、晋时期是常用的餐具之一[3],在武威汉墓、嘉峪关魏晋墓出土过实物。叉的种类有三股和两股之分,从嘉峪关魏晋墓砖画中的饮食图看,叉子既是炊具,用来直接烤肉,也是餐具,由仆人直接递给进食者食用[4](如图2、图3所示)。

除了叉子外,还有箸(筷子)可用来吃烤肉(如图2、图3所示),三股叉略显笨拙,且中间那股叉上的肉块不易吃到,所以食案上放置的筷子极有可能是用来取肉的。肉在炙烤前,先用刀将其切成块,然后以三股叉穿之,故切刀是必不可少的工具。与今天的菜刀不同,魏晋时期的切刀刀身长,刃薄而窄,有尖,嘉峪关魏晋墓砖画上的切肉刀,正是一种窄而长的刀,如图6所示。这种切刀无论切肉还是割肉都比较方便,与

图6

游牧民族所使用的刀具类似,带有游牧民族生活的色彩。

二、河西走廊"烤肉"盛行的原因

嘉峪关魏晋墓画像砖中大量烤肉图的出现,说明魏晋时期烤肉在河西走廊一

---

①岳邦湖:《岩画及墓葬壁画》,敦煌文艺出版社,2004年,108页。
②[东汉]班固:《汉书》卷28《地理志八》,中华书局,2009年,1645页。
③高启安:《旨酒羔羊—敦煌的饮食文化》,甘肃教育出版社,2007年,43页。
④同上,43页。

带非常盛行。究其原因,笔者总结为以下几点:

优越的自然地理条件,发达的畜牧业。河西走廊东起乌鞘岭,西至玉门关,南北介于南山(祁连山)和北山(龙首山、合黎山和马鬃山)之间,为西北—东南走向的狭长平地,形如走廊,因位于黄河以西,故称河西走廊。汉晋时期,西北地区的气温要比现在高①,河西地区气候上属于温带、暖温带大陆性气候,光照丰富、热量较好,干旱少雨②,适合牧草的生长。河西地区有着大片的森林,"东西二百余里,南北百里,有松柏五木,美水草,冬温夏凉,宜牧畜养"③,丰富的草原资源为河西畜牧业的持续发展提供了有利的条件。加上石羊河、疏勒河和黑河的灌溉,祁连山雪水的浸润,地势辽阔的河西走廊是天然的牧场,水草丰美,物产丰饶,牛羊遍野,畜牧业相当兴旺。据载,汉代河西便是天下少有的富饶之地。曹魏时镇西将军曹真因讨破叛胡,获得封赏"牲口十万,羊一百一十万,牛八万"④,由此可见魏晋河西牧畜总数已达数百万头之多,是畜牧业大规模发展繁荣的时期。除史料记载外,砖画上的"畜牧图"也从侧面反映出河西地区畜牧业的兴旺程度。嘉峪关1号墓前西壁的"放牧图"绘有牲畜一黑一白两头牛,三黑九白十二只羊,可见牛羊是河西人主要的畜牧对象。河西地区优越的自然地理条件,丰富的草原资源,发达的畜牧业,对河西地区的饮食文化产生了巨大的影响。数量繁多的牛羊,为大量生产烤肉提供了丰富的食材来源,这是魏晋河西地区烤肉盛行的重要原因。

安定的生活,宜居的社会环境。从烤肉图人物悠闲、散漫、慵懒(如图2、图4)的姿态来看,魏晋河西地区人们的生活节奏缓慢且有条不紊,整体上过着一种安逸洒脱、休闲自得的生活,这得益于当地安稳的社会环境。魏晋是中国社会急剧动荡和变化的时期,中原地区在历经了"八王之乱"和"五胡乱华"之后,丧乱频繁,民生凋敝,经济发展缓慢,然而河西地区因距离中原较远,鞭长莫及,未受到战火的

① 中国科学院地理研究所经济地理研究室编著:《中国农业地理总论》,科学出版社,1980年,52页。
② 杨吉宁:《考古学视域下的汉晋河西地区饮食文化研究》,西北师范大学硕士学位论文,2015年,8页。
③ 〔唐〕司马贞:《史记索隐》引《西河旧事》,〔汉〕司马迁:《史记》卷110《匈奴列传》,中华书局,1982年,2908页。
④ 〔西晋〕陈寿:《三国志·魏书》卷2《文帝纪》,中华书局,1974年,40页。

荼毒。得益于前凉张轨偃武修文、励精图治的统治政策,河西走廊一带农业生产得以恢复发展,商贸流通日益频繁活跃,社会安定秩序井然,河西一度成为中原人士西迁和避难的最佳场所。河西地区在曹魏至西晋、前凉这一个多世纪的时间里,通过安置贫民、开荒、修水利、建盐池等一系列发展生产的措施,出现了"家家丰足,仓库盈溢"的局面。安定的生活,宜居的社会环境是饮食习惯和文化得以形成和充分发展的先决条件,河西烤肉在魏晋二百多年的时间里长盛不衰,得益于当时安定的生活环境。

活跃的丝绸之路,交织荟萃的饮食文化。汉代张骞出使西域,打开了中西方交往的通道,由此开辟了举世闻名的陆上"丝绸之路"。丝绸之路东起长安,经河西走廊至敦煌,分南北两道:北道西出玉门关,沿天山北路向西;南道西出阳关,沿天山南路向西。两道在葱岭(今帕米尔高原)会合,又分为南北两支,经中亚、西亚的安息(今伊朗)和条支(今阿拉伯半岛)等地,最后到达欧洲的大秦(罗马帝国)。南道中的另一支则是到达印度。丝绸之路的开辟使得中国的文化向外传播,而西域的文明也传至中国,饮食文化的交流与传递在此过程中显得十分活跃。由西方传递而来的胡椒、大料是烤肉必不可少的原料,而东方人喜食的酱料亦为烤肉的鲜美多汁增色不少。河西地处丝绸之路的交通要道,饮食文明在此汇聚,从而促使烤肉的技艺不断精湛,烤肉的文化愈来愈浓厚。

三、由"烤肉"图引发的现实思考

嘉峪关魏晋墓画像砖中的"烤肉"图,在为人们带来视觉盛宴的同时,也相继引发了人们关于它的一系列社会现实问题的思考。

"烤肉"图以生动、简洁、流畅的笔画向人们勾勒出了魏晋时期上层贵族富足殷实、悠闲自得的生活画面,直观地再现出魏晋河西地区社会经济发展的程度、人们的饮食习惯以及价值观趋向。"烤肉"图在画像砖中频繁的出现,说明烤肉作为当时当地的美食普遍为人们尤其是上层贵族所热衷和喜爱,烤肉是上层人士日常饮食重要却又平常的一道菜肴,反映出河西地区肉类食材的丰富且肉食在所有食物的摄入量中所占的比重是非常大的,从侧面见证了河西地区畜牧业的旺盛及人们生活的富庶。画像砖中的"烤肉"图表面看似在描述墓主生前喜欢吃烤肉的形象,其实暗中折射出魏晋河西地区人们对物质欲望极度的渴望与追求,是现实主义生动且直接的写照。宰牲、庖厨、炙肉、进食等画面人物表情、动作细节的捕捉及各个环节流程的完整衔接,无一不体现出仆人的细致用心和主人的安逸享受。在整个河西地区,人们普遍追求一种物质至上、及时享乐的价值理念,具有强烈的时代气息。

画像砖中的"烤肉"图中涉及厨师、仆人及主人三类人物形象,其中,厨师及仆人的地位是不断被弱化的,而主人的形象则无限地被放大。如图6所示,厨房内两位厨师手持切刀,肉块曜曜地落入案下的盆内,动作利落敏捷,一气呵成,脸上却显露出焦虑的神色,笔者猜测厨师因怕耽误主人的进食而内心紧张。图2中主人段清坐在小榻上,手持扇面悠闲自得,等待前来的仆人递上烤肉,而仆人则显得小心翼翼。图3中的主仆关系则更加一目了然,仆人被刻画的瘦小羸弱,而主人则显得臃肿富态。再如图5,仆人跪在地上,手持长叉烤肉,仆人的形象很深刻,而图4两位对坐的女主人一边享用烤肉,一边谈笑风生,上下有序、尊卑有别的等级制度在烤肉图中被映射的淋漓尽致。东汉以来的庄园式经济模式在魏晋河西地区依然得到延续,庄园主占有大片牧场田地,役使着成千上万的奴婢、部曲、佃客。一幅看似简单的"烤肉"图背后折射出魏晋河西地区等级制度和尊卑秩序的强化,主人安乐恣意的生活是建立在奴婢们辛勤的劳作和卑微迎合的姿态之上的。

烤肉作为独具特色的美食,它的发展意味着民族的融合与饮食文化的传承。河西地区自古以来就是众多民族的聚居地,汉晋时期的河西除汉族外有大月氏、匈奴、乌孙、氐、羌等游牧民族。《汉书·武帝纪》记载:"居延,匈奴中地名也……张掖所置居延县者,以安处所获居延人而置此县。"[1]西晋末年,中原动乱,五胡内迁,其中有部分胡人迁至河西地区。相对于中原汉族"南稻北粟"的饮食传统,西北游牧民族有着"食肉饮酪"的饮食习惯,河西地区农牧皆宜,烤肉之风却很盛行,很大程度上是由于游牧民族将"食肉"的习惯迁移至此,而不同民族饮食习俗和文化交换学习的过程,其实也是民族融合的过程。烤肉在河西的发展,亦象征着西北游牧

①〔东汉〕班固:《汉书》卷6《武帝纪》,中华书局,1962年,176页。

民族与中原汉族的融合。魏晋河西地区最有名的菜肴之一是"羌煮貊炙"①,但从出土的烤肉图来看,烤肉并没有采用貊人将整个羊在炭火上烤炙至熟直接食用的方法,而是先用小刀切块,串在三股叉之上放在烤炉上炙熟,然后用三股叉或筷子食用,可见烤肉的吃法已经精细文明了许多,将西北游牧民族基本的烤炙方法(即用火烤肉)和中原礼仪之邦的文明吃法(用筷子吃肉)融为一体。自丝绸之路开通后,河西走廊一带曾汇聚了来自中亚、西亚的胡商,他们带来的胡椒、孜然、辣椒等佐料,使烤肉更加美味,从这个角度讲,烤肉不仅仅是一道风味独特的美食,其背后意味着民族的融合与文化的接纳。一幅烤肉图,内涵极其丰富,蕴藏了民族融合的种种元素。烤肉作为中华民族独具风味的美食之一,其历史已有两千多年,从远古时期的"裹肉而燔",先秦时期的"炮豚",汉代画像砖上的"烤肉串",魏晋墓砖画上的"烤肉"图,一直到今天家喻户晓的"烧烤",印证了烤肉长盛不衰的发展历程,也意味着中国古老的美食文化得到了经典的传承。时至今日,嘉峪关人仍引以为傲地将烤肉誉为当地最有名的特色小吃,走在嘉峪关的美食大街上,你会发现大部分店面均为烤肉店,历时千年,河西走廊依然延续着魏晋时期的烤肉传统。不仅是嘉峪关,全国各地的街头巷尾,也总会找寻到烧烤摊的踪迹,今天的烧烤与古时相比原料更加丰富,用料愈来愈精细考究,烤法也是花样辈出,烤肉已不仅仅作为一种美食而为人们所熟知,它更是一种历久弥新的饮食文化,在历史的长河中不断凝练、积淀。

嘉峪关魏晋墓画像砖里的"烤肉"图,使人们穿越历史的年轮,再次感受到河西走廊饮食文化绚丽多姿的一面。丝路古道,驼铃四响,四方来客,会聚河西。烤肉是河西士族宴请宾客或自我享受的佳肴美馔,是河西经济繁荣畜牧业发达的经典象征,是河西四方民族融合发展的产物,亦是中华饮食文明源远流长与博大精深的最好印证。

(马静,宁夏社会科学院编辑)

---

①"羌煮"是指古代西北游牧民族羌人的涮羊肉,"貊炙"则是指古代东胡人留传下来的烤全羊。

试论唐代长安的城市管理机制

贾虎林

作为关陇贵族创建的唐帝国的首都,唐长安是唐代的基本枢纽区域[①],实行关中本位政策,是国家财富聚集之地。《周礼》卷第一《天官冢宰》云:"惟王建国,辨方正位,体国经野,设官分职,以为民极",[②]建立城市管理的行政机构和管理机制是城市发展运行的保障。笔者认为,唐长安城的管理机制分为三个系统:一是地方政府,二是基层行政组织,三是中央政府垂直管理机构。

一、地方政府

(一)京兆府

唐长安城位于号称"八百里秦川"的关中平原中部,在今陕西省西安市区的东南部。长安的得名,始于秦代,《旧唐书》卷四十四《职官志》云:

"京兆河南太原等府:自秦、汉已来为雍、洛、并州。周、隋或置总管都督,通名为府。开元初,乃为京兆府、河南府、太原府。三府牧各一员,从二品。牧,古官,舜置十二牧是也。秦以京城守为内史,汉武改为尹。后魏、北齐、周、隋又以京守为牧。武德初,因隋置牧,以亲王为之。或不出阁,长史知府事。尹各一员,从三品。京城守,秦曰内史,汉曰尹,后代因之。隋为内史。武德初置牧,以长史总府事。开元初,雍、洛、并改为府,乃升长史为尹,从三品,专总府事也。少尹各二员,从四品下。魏、

①冀朝鼎.中国历史上的基本经济区与水利事业的发展[M].北京:中国社会科学出版社,1992.

②《十三经注疏》整理委员会整理.周礼注疏[M].北京:北京大学出版社,1999:1-5.

晋已下,州府有治中,隋文改为司马,炀帝改为赞理,又为丞,武德改为治中,永徽避高宗名,改为司马,开元初,改为少尹。"①

唐初,长安城由雍州管辖,玄宗开元元年(713年),改雍州为京兆府,这是中国历史上"府"作为行政区划的开始。长安以李唐宗室亲王为京兆牧,"然亲王为牧,皆不知事,职务总归于尹②",以亲王遥领京兆牧,亲王仅是名义上的最高行政长官,京兆尹是长安城实质上的最高行政长官,主管京城行政事务,京兆少尹二人,为长安城的副行政长官,协助京兆尹的工作。

京兆府的行政机构的建制和官吏编制,据《旧唐书》卷四十四《职官志》:

"司录参军二人,正七品。录事四人,从九品上。功仓户兵法士等六曹参军事各二人,正七品下。府史、《隋书》有之。参军事六人,正八品下。执刀十五人,典狱十一人,问事十二人,白直二十四人。经学博士一人,从八品上。助教二人,学生八十人。医药博士一人,助教一人,学生二十人。"③

可知京兆府的内设机构为功仓户兵法士六曹,六曹和尚书省六部对应,包括有司录参军、录事、功仓户兵法士等六曹参军事和参军事等近两百名官吏。

京兆府的行政职能,《旧唐书》卷四十四《职官志》云:

"京兆、河南、太原牧及都督、刺史掌清肃邦畿,考核官吏,宣布德化,抚和齐人,劝课农桑,敦敦五教。每岁一巡属县,观风俗,问百年,录囚徒,恤鳏寡,阅丁口,务知百姓之疾苦。部内有笃学异能闻于乡闾者,举而进之。有不孝悌,悖礼乱常,不率法令者,纠而绳之。其吏在官公廉下已,清直守节者,必谨而察之。其贪秽谄谀,求名狗私者,亦谨而察之。皆附于考课,以为褒贬。若善恶殊尤者,随即奏闻。若狱讼疑议,兵甲兴造便宜,符瑞尤异,亦以上闻。其常则申于尚书省而已。若孝子顺孙,义夫节妇,精诚感通,志行闻于乡闾者,亦具以申奏,表其门闾。其孝悌力田,颇有词学者,率与计偕。其所部有须改更,得以便宜从事。若亲王典州,及边州都督刺史不可离州局者,应巡属县,皆委上佐行焉。尹、少尹、别驾、长史、司马掌贰府州之事,以纲纪众务,通判列曹。岁终则更入奏计。司录、录事参军掌勾稽,省署钞目,监

①刘昫.旧唐书[M].北京:中华书局,1975:1915–1916.

②李林甫等撰,陆仲夫点校.唐六典[M].北京:中华书局,1992:741.

③刘昫.旧唐书[M].北京:中华书局,1975:1916.

符印。功曹、司功掌官吏考课、祭祀、祯祥、道佛、学校、表疏、医药、陈设之事。仓曹、司仓掌公廨、度量、庖厨、仓库、租赋、征收、田园、市肆之事。户曹、司户掌户籍、计帐、道路、逆旅、婚田之事。兵曹、司兵掌武官选举、兵甲器仗、门户管钥、烽候传驿之事。法曹、司法掌刑法。士曹、司士掌津梁、舟车、舍宅、百工众艺之事。市令掌市厘交易、禁斥非违之事。经学博士掌《五经》，教授诸生。医药博士以百药救民疾病。下至执刀、白直、典狱、佐史，各有其职。州府之任备焉。"①

京兆府的官吏行使的职能涉及多方面，有巡察属县官吏，促进农业发展，社会福利，经济，司法等。诸官吏分工明确，各司其职。

韦述《两京新记》卷三《长安县所领坊》"光德坊"条载："东南隅，京兆府廨。……府内廨宇并隋开皇中制度，其后随事改作。开元九年，孟温礼为京兆尹，奏以奏以赃赎钱修理缮缉焉。"②京兆府官署设在光德坊内的东南角，西市的东边，玄宗开元年间孟温礼任京兆尹时对京兆府衙加以修葺。

京兆府共管辖二十二个县，除长安县、万年县两个京县外，还管辖新丰、渭南、郑、华阴、蓝田、鄠、盩屋、始平、武功、上宜、醴泉、泾阳、云阳、三原、宜君、同官、华原、富平、栎阳、高陵县。③

（二）长安县衙和万年县衙

唐长安城以朱雀大街为中轴线，以西为长安县所辖，管辖五十四坊和西市，朱雀大街以东是万年县所辖，管辖五十四坊和东市，万年县隋代称为大兴县，唐武德元年改为万年县。唐制，京兆府所辖长安县和万年县，河南府所辖河南县和洛阳县，太原府所辖太原县和晋阳县，这六县称为京县。长安县和万年县衙的官吏编制如下：

"令各一人，正五品上。丞二人，从七品。主簿二人，从八品上。录事二人，从九品下。佐二人，史四人，尉六人，从八品下。司功、佐三人，史六人。司仓、佐四人，史八人。司户、佐五人，史十人。司兵、佐三人，史六人。司法、佐五人，史十人。司士，佐四人，史八人，典狱十四人，问事八人，白直十八人。博士一人，助教一人，学生五

①刘昫.旧唐书[M].北京：中华书局，1975：1919.
②韦述、杜宝撰，辛德勇辑校.两京新记辑校、大业杂记辑校[M].西安：三秦出版社，2006：37.
③刘昫.旧唐书[M].北京：中华书局，1975：1395.

十人。"①

两县的官吏中,每县的品官分别有十一人,包括县令、县丞、县主簿、县尉,其他的都是流外胥吏及差役等。

长安万年两县县衙是长安城的基层政府,其县令的职责是"掌导扬风化,抚字黎氓,敦四人之业,崇五土之利,养鳏寡,恤孤穷。审察冤屈,躬亲狱讼,务知百姓之疾苦。"②

长安县的府衙设在长寿坊内的西南角,距离京兆府六里,西市往南的第二个坊。③万年县的府衙设在宣阳坊。④

二、基层行政组织

唐代长安外郭城的行政区划为坊,并以坊为基层行政组织,坊的四周由坊墙包围,各坊的大小并不一致。坊,唐人又称为里,时常互用。《唐六典》卷三《尚书户部》"户部郎中员外郎条"云:"两京及州县之郭内,分为坊,郊外为村。里及坊、村皆有正,以司督察。⑤坊设坊正,是乡官,掌管坊内事务。据《新唐书》卷一百一十八《李渤传》有"五坊卒夜斗,伤县人,……"⑥(文中着重号系笔者所加)的记载,段成式《酉阳杂俎》卷九《盗侠》有"黎疑其非常人,命老坊卒寻之。至兰陵里之内,入小门,大言曰:'我今日困辱甚,可具汤也。'坊卒遽返白黎,黎大惧,因弊衣怀公服与坊卒至其处。时已昏黑,坊卒直入,……"⑦(文中着重号系笔者所加)之语,唐代的坊设有坊卒,应该由坊正领导,可能是一种杂役。坊内居民以伍保为编组,"四家为邻,五邻为保。保有长,以相禁约。"⑧

---

①刘昫.旧唐书[M].北京:中华书局,1975:1920.

②刘昫.旧唐书[M].北京:中华书局,1975:1921.

③韦述、杜宝撰,辛德勇辑校.两京新记辑校、大业杂记辑校[M].西安:三秦出版社,2006:51.

④韦述、杜宝撰,辛德勇辑校.两京新记辑校、大业杂记辑校[M].西安:三秦出版社,2006:18.

⑤李林甫等撰,陆仲夫点校.唐六典[M].北京:中华书局,1992:73.

⑥欧阳修、宋祁撰.新唐书[M].北京:中华书局,2012:4286.

⑦上海古籍出版社编.唐五代笔记小说大观[M].上海:上海古籍出版社,2000:623.

⑧李林甫等撰,陆仲夫点校.唐六典[M].北京:中华书局,1992:73.罗彤华《唐代的伍保制》,载《台湾学者中国史研究论丛》,中国大百科全书出版社,2005年。

坊正的职责是"掌坊门管钥,督察奸非"①,坊正是所谓的乡官,唐《杂令》规定"两京坊正等,非省补者,总名'杂任'。"②不属于品官,但在免征课役之列。坊正由县官选择清白强干的良民担任,《通典》卷三《食货》"乡党"条云:"诸里正,县司选勋官六品以下、白丁清平强干者充,其次为坊正。若当里无人,听于比邻里简用。"③坊正虽不是正式编制的品官,但是作为京城行政管理的最末端,中央政府和京城府县政府行政事务的最基层的执行者,起着勾通官府和居民的中介的重要作用,正如顾炎武《日知录》卷八"乡亭之职"条所言,"天下之治,始于里胥,终于天子,其灼然者矣。"④

三、中央政府垂直管理机构

长安作为京畿重地和首善之区,由于京兆府及长安万年两县行政机构设置规模小,人员少,所以长安城的很多专业性比较强的行政事务,如宗教事务、财经事务、市政工程事务、公共安全事务、行政监察事务,由中央政府机关设置的机构实行垂直管理,列举如下:

一、门下省城门局,设城门郎四名,掌管皇城及京城(外郭城)城门的钥匙,并负责城门的启闭,其建制据《旧唐书》卷四十三《职官志》云:"城门郎四员。从六品上。……令史一人,书令史二人,门仆八百人。……皇朝隶城门局,分番上下,掌送管钥。城门郎掌京城皇城宫殿诸门启闭之节,奉出纳管钥。"⑤

二、崇玄署,唐玄宗尊崇道教,设立崇玄署,隶属于宗正寺,掌管长安的道观及道士的籍账。崇玄署的建制,据《旧唐书》卷四十四《职官志》云:"崇玄署:令一人,正八品下。丞一人,正九品下。府二人,史三人,典事六人,掌固二人。令掌京都诸观之名数、道士之帐籍,与其斋醮之事。丞为之贰。"⑥

①杜佑撰,王文锦等点校.通典[M].北京:中华书局,1988:64.
②天一阁博物馆、中国社会科学院历史研究所天圣令整理课题组校正.天一阁藏明钞本天圣令校证(附唐令复原研究)[M].北京:中华书局,2006:433.
③杜佑撰,王文锦等点校.通典[M].北京:中华书局,1988:915.
④顾炎武撰,陈垣校注.日知录校注[M].合肥:安徽大学出版社,2007:454.
⑤刘昫.旧唐书[M].北京:中华书局,1975:1846.
⑥刘昫.旧唐书[M].北京:中华书局,1975:1881.

太府寺是中央财经事务机关，受尚书省及户部的领导，其长官为太府寺卿，"掌邦国财货,总京师四市、平准、左右藏、常平八署之官属,举其纲目,修其职务。太府寺的副长官是太府寺少卿,设有两名,"以二法平物。一曰度量,二曰权衡。凡四方之贡赋,百官之俸秩,谨其出纳,而为之节制焉。凡祭祀,则供其币。"太府寺主管度量衡的标准检查,唐《关市令》规定"诸官私斛斗秤尺,每年八月诣太府寺平校。"①太府寺的三个直属机构的也有管理长安财经事务的职能,如下:

三、长安市署,负责管理长安东西两市的民间市场交易,与地方州县城的官市不同,长安洛阳的官市由太府寺垂直管理。长安市署的建制,据《旧唐书》卷四十四《职官志》云:"令一人,从六品上。丞各二人,正八品上。录事一人,府三人,史七人,典事三人,掌固一人。京、都市令掌百族交易之事。丞为之贰。"②长安两市事务繁重,两市市令的职责是"掌百族交易之事;丞为之贰。凡建标立候,陈肆辨物,以二物平市,以三贾均市。凡与官交易及悬平赃物,并用中贾。"③其职责重大,故而其官品是从六品上,和中央六部的员外郎和上县县令的官品相同。长安东西两市市署又叫市局,设在两市的中央位置,《长安志》卷八东市条云:"当中东市局,以东平准局。"④

四、平准署,专门负责管理长安两市的官府市场交易和调节物价。其建制是"令二人,从七品下。丞四人,从八品下。录事一人,府六人,史十三人,监事二人,从九品下。典事二人,价人十人,掌固十人。平准令掌供官市易之事。丞为之贰。凡百司不任用之物,则以时出货。其没官物,亦如之。"⑤平准署的职责比较单一,管理的交易比较少,所以平准署令的官品为从七品下,比长安市署令的官品低。

五、常平署,管理长安的常平仓。常平署的建制是:"令一人,从七品下。丞二人,从八品下。府四人,史八人,监事五人,从九品下。典事五人,掌固六人。"⑥

①天一阁博物馆、中国社会科学院历史研究所天圣令整理课题组校正.天一阁藏明钞本天圣令校证(附唐令复原研究)[M].北京:中华书局,2006:406.

②刘昫.旧唐书[M].北京:中华书局,1975:1889.

③李林甫等撰,陆仲夫点校.唐六典[M].北京:中华书局,1992:543.

④宋敏求撰.长安志(附长安志图)[M].北京:中华书局,1991:108.

⑤刘昫.旧唐书[M].北京:中华书局,1975:1889.

⑥刘昫.旧唐书[M].北京:中华书局,1975:1890.

六、将作监，掌管长安城的土木工程和宫室建筑，两京宫殿、宗庙、城郭、诸台省监寺廨宇楼台桥道的营建修葺。将作监的建制是"大匠一员，从三品。少匠二员。从四品下。……大匠掌供邦国修建土木工匠之政令，总四署、三监、百工之官属，以供其职事。"①将作监的直属机构有左校署、右校署、中校署、甄官署等。将作监主管的事务，有内作和外作之分，据《唐六典》卷第二十三《将作都水监》，内作是指长安的宫城、大明宫、兴庆宫、洛阳的宫城、上阳宫、两京内外郭、台、殿、阁并仗舍等，以及禁苑的宫、亭，中书省、门下省、北门禁军、和十二闲厩房屋等，外作是指山陵、太庙、郊社、两京城门、尚书省、殿中省、秘书省、内侍省、御史台、九寺、三监、十六卫、诸街使、弩坊、温汤、东宫诸司及王府官舍屋宇等。②

七、都水监，掌管京城的水务，"川泽津梁之政令，总舟楫、河渠二署之官属，凡虞衡之采捕，渠堰陂池之坏决，水田斗门灌溉，皆行其政令。"③其建制是"使者二人，……正五品上，……丞二人，从七品上。主簿二人，从八品下。录事一人，府五人，史十人，掌固三人。"④

八、左右金吾卫，左右金吾卫的职责是京城的公共安全警卫和社会治安，昼夜巡察，"掌宫中及京城昼夜巡警之法，以执御非违。凡翊府及同轨等五十府皆属之。凡车驾出入，则率其属以清游队，建白泽硃雀等旗队先驱，如卤簿之法。从巡狩畋猎，则执其左、右营卫之禁。凡翊卫、翊府、同轨、宝图等五十府骁骑卫士应番上者，各领所职焉。"⑤由于唐代没有近代式的维护公共安全的职业警察，所以中央军队承担了首都警察的实际职能。左右金吾卫的建制是"大将军各一员，正三品。将军各二员。从三品。……长史、录事参军、仓兵骑胄四曹参军、司阶、中候、司戈、执戟、人数、品秩、职掌如左右卫也。翊府中郎将、左右郎将、兵曹、校尉、旅帅、队正、副队正。"⑥翊府中郎将"督京城内、右六街昼夜巡警之事"。左金吾卫巡察朱雀大街以东，右金吾卫巡察朱雀大街以西。左金吾卫府设在永兴坊的西南角，右金吾卫府设

①刘昫.旧唐书[M].北京:中华书局,1975:1890-1896.
②李林甫等撰,陆仲夫点校.唐六典[M].北京:中华书局,1992:594.
③刘昫.旧唐书[M].北京:中华书局,1975:1897.
④刘昫.旧唐书[M].北京:中华书局,1975:1897.
⑤刘昫.旧唐书[M].北京:中华书局,1975:1901.
⑥刘昫.旧唐书[M].北京:中华书局,1975:1901.

在步政坊的东北角。①左右金吾卫权势地位显赫,是唐人向往的官职,唐代诗人王翰《饮马长城窟行》(又名《古长城吟》)曰:"长安少年无远图,一生惟羡执金吾"②,就是这种羡慕心态的写照。

九、殿中侍御史,隶属于御史台,其职责除掌管殿廷供奉的礼制外,还有分知左右巡,对京城行政监察的职责,负责巡察"不法之事"。③

综上所论,在唐代长安的城市管理机制中,京兆府及长安县、万年县衙等地方政府和作为基层行政组织的坊是主体,行使大部分职能,门下省城门局、崇玄署、太府寺、左右金吾卫等中央政府垂直管理机构是补充,三者各有分工,构成了一个比较完整的城市管理机制,保障了唐代首都政治社会秩序和运行。

(贾虎林,宁夏社会科学院助理研究员)

①李林甫等撰,陆仲夫点校.唐六典[M].北京:中华书局,1992:629.

②曹寅等纂修.全唐诗[M].上海:上海古籍出版社,1986:366.

③刘昫.旧唐书[M].北京:中华书局,1975:1863.